LA CURACIÓN A TRAVÉS DE UN CURSO DE MILAGROS

Enric Corbera

EL GRANO Đ MOSTAZA

Título: *La curación a través de Un curso de milagros*
Autor: Enric Corbera

Diseño del libro Félix Lascas
Ilustraciones de portada e interior de Montserrat Adell Winkler

Primera edición en España
Septiembre 2013
Decimoquinta reimpresión Abril 2019

Copyright © 2013 para la edición en España
El Grano de Mostaza

Depósito legal B 21099-2013
ISBN 978-84-941349-5-1

EDICIONES EL GRANO DE MOSTAZA, S. L.
Carrer de Balmes, 394 ppal. 1.ª
08022 Barcelona, SPAIN

LA CURACIÓN A TRAVÉS DE UN CURSO DE MILAGROS

ENRIC CORBERA

AGRADECIMIENTO

Al Ser que lo penetra todo,
que insufla la vida para que cada
parte de Sí Mismo experimente la
grandeza de la cual es partícipe y
heredero.
A las mentes oscuras y a las
mentes de luz, a las que deseo
decirles que todas ellas están en el
Reino y nada las puede separar.

Gracias a la Fundación para la Paz Interior, por darme permiso para utilizar las numerosas referencias que me han hecho falta para explicar cómo veo la curación a través de *UCDM*.

INTRODUCCIÓN

Llevo unos veinte años de mi vida aprendiendo y enseñando *Un curso de milagros*. Este cayó en mis manos después de haber estado formulando una petición durante un año. Le pedía a Dios hacer un auténtico curso de autoconocimiento. Ya estaba cansado de cursos, cursillos, de técnicas para llegar a la iluminación, de trabajar con piedras, de energías, de hacer, de dejar de hacer, de tomar, de no tomar, de niveles, de meditaciones más o menos trascendentales. Estaba harto y me dije a mí mismo: «Esto no puede ser tan complicado; somos nosotros quienes lo complicamos todo y lo hacemos difícil. El ego está por todas partes. Llegar a Dios tiene que ser mucho más fácil».

Por entonces, yo practicaba la naturopatía como método de sanación. Una paciente mía viajó a Venezuela, de donde me trajo como regalo un libro. Me dijo: «Fue como un impulso; entré en una librería y una fuerza me llevó hasta la estantería donde estaba este libro. Sentí que era para ti, y aquí lo tienes».

El libro era *Un curso de milagros*. En cuanto lo tomé entre mis manos, supe a ciencia cierta que Dios, el universo, respondía a mi petición, como otras tantas veces ya lo había hecho. Sentí entonces que mi búsqueda espiritual había llegado a un nivel en el que ya podía descansar, que lo que debía hacer era leer el libro y ponerlo en práctica.

Empecé por «El manual para el maestro», y entonces supe que ya tenía el libro, o el curso que había pedido. Durante un año lo leí e hice un resumen de unas cien páginas, formado por frases que se me iluminaban cuando leía el *Curso*. Me dije: «Tienes que enseñarlo, si lo quieres aprender». Hice mis ejercicios diariamente.

Había algo que me molestaba, y me molestaba bastante: era precisamente el nombre de este libro. Es más, cuando empecé a enseñarlo lo llamaba «curso para el autoconocimiento». Eso duró poco; un año más tarde ya lo llamaba «Taller sobre *Un curso de milagros*». Recuerdo que a mi primera clase, o taller asistieron dos personas, las cuales no volvieron nunca más. Pero cada día había alguien nuevo. Al llegar al final del taller —que duró un curso lectivo— había veinte personas. Durante un tiempo, este fue un número de referencia: contar con esa cantidad de interesados era la condición para hacer un taller de *Un curso de milagros* allí donde me lo pedían.

Han transcurrido veinte años. Ha sido un camino maravilloso, de aprendizaje, de trasformación; un camino en el que se ahorra tiempo, mucho tiempo, y durante el cual uno se da cuenta de que con las prácticas espirituales más famosas se avanza lentamente, si las comparamos con la aplicación de los principios que el *Curso* alberga. Es muy cierto lo que este dice: «Yo te ahorraré mil años».

El milagro sustituye un aprendizaje que podría haber durado miles de años.[1]

Me quedé con un párrafo del «Libro de ejercicios», uno de la página 521:

Este curso es un comienzo, no un final (…) Ya no se asignarán más lecciones específicas, pues ya no son necesarias. En lo sucesivo, oye tan solo la Voz que habla por Dios… Él dirigirá tus esfuerzos, diciéndote exactamente lo que debes hacer, cómo dirigir tu mente y cuándo debes venir a Él en silencio, pidiendo Su dirección infalible y Su palabra certera.

Poco a poco fui aplicando los principios del *Curso*; le pedía consejo al Espíritu Santo y empezaba a perdonarme. El camino me parecía duro, pero nunca lo encontré difícil. Es más, lo consideraba claro y perfectamente señalizado para no perderse. No he dejado de practicarlo diariamente en estos veinte años, durante los cuales habré hecho unos cien cursos.

No me considero maestro del *Curso*; sí un estudiante algo avanzado. Mi ejemplar revela lo mucho que lo he trabajado: las letras de la cubierta han desaparecido, las páginas están llenas de colores y de subrayados. Cuando lo tengo entre mis manos, siento una paz profunda. No por el libro, sino por todo lo que he experimentado con él.

Hoy en día, me piden que imparta cursos por todas partes y no doy abasto con ello. Una vez más, lo he puesto en manos del Espíritu Santo y, una vez más, se me ha dado la respuesta: «Da el *Curso* por internet»; creo que se llama «webinar». Pero no solo se te da la respuesta, sino que también los medios vienen a ti; de lo contrario, no resultaría justo. En la actualidad hay un equipo de personas que están trabajando para que el *Curso* pueda llegar vía internet a todas las partes del mundo.

El *Curso* emplea una terminología judeocristiana. Habla de Dios, del Espíritu Santo, del ego, del pecado, de la expiación, etcétera. Al principio, esto me molestaba, porque había sido educado en el fundamentalismo católico. Luego, fui comprendiendo que las palabras solo son símbolos y que los conceptos son los que tienen que cambiar. Cuando los cambias, las palabras tienen otro significado.

El Espíritu Santo es nuestro Yo superior, el que está conectado permanentemente con la Fuente universal o Dios. Hay que dejar muy claro que el *Curso* enseña que todo es un sueño, y que nosotros creamos sus personajes y el mundo mismo. Estamos en un sueño y hemos de despertar por nosotros mismos, pero siempre con la ayuda del Espíritu Santo. No le pidas a Dios que te despierte del sueño; para Él este no existe. El cuerpo y el mundo no fueron creados por Dios, sino por el Hijo de Dios que se sintió separado del Gran Hacedor. De hecho, la Biblia lo anuncia de alguna manera al decir que Adán se quedó dormido, pues Adán aún sigue durmiendo. La historia bíblica es el sueño de Adán y Eva.

El lector verá que el libro es radical en muchos aspectos. Pero es que el *Curso* lo es. No entra en controversia; dice simplemente que todo es sueño, que el mundo no existe y que el cuerpo tampoco. No hay término medio, o lo tomas o lo dejas.

El mundo del sueño es el mundo del miedo, de la separación, de la enfermedad, de la carencia y de la muerte. ¡Vaya, una auténtica locura! Una de las enseñanzas que yo considero vitales consiste en sanar la percepción. La percepción es una función del cuerpo y pertenece al ámbito de la conciencia. Es la que nos mantiene en el sueño, pues nos hace creer que lo que vemos es real, en vez de comprender que solo son interpretaciones determinadas por nuestros aprendizajes inconscientes, creencias, tabúes, etcétera.

«La proyección da lugar a la percepción».[2] ¿Qué es lo que proyectamos? la culpa. La culpabilidad es la piedra en la que el ego ha edificado su iglesia y la que hace que el tiempo perdure. Por eso es tan importante aplicar el perdón continuamente en nuestra vida.

Este libro solamente pretende hacer más consciente al lector de que la sanación de nuestros males radica en nuestra mente y de que el *Curso* es un recurso de curación aquí en la Tierra.

El libro está organizado de la misma manera que empleo cuando enseño y aprendo *Un curso de milagros* en mis talleres. La enseñanza es reiterativa; nunca se repiten lo suficiente los principios del libro *UCDM*. Procuro llevar estos principios a la vida cotidiana, para ayudar a las personas que me escuchan o se forman conmigo a hacer el cambio de mentalidad pertinente, inspirándonos siempre en el Espíritu Santo.

El cambio siempre tiene que ser de mentalidad, no de conducta. Los cambios conductuales no llevan a ninguna parte.

El verdadero aprendizaje es constante, y tan vital en su poder de producir cambios que un Hijo de Dios puede reconocer su

propio poder en un instante y cambiar el mundo en el siguiente.
Ello se debe a que al cambiar de mentalidad produce un cambio
en el instrumento más poderoso que jamás se le haya dado para
cambiar.[3]

Para terminar, debo decir algo muy importante: todo lo que explico de *Un curso de milagros* es mi interpretación personal. Siempre le pido inspiración al Espíritu Santo, pero eso no quiere decir que lo que yo diga o escriba sea respaldado por la Fundación para la Paz Interior, que es la que tiene los derechos del libro *Un curso de milagros*.

Muchas gracias a todos.
Enric Corbera

HAY VERDADES QUE VAN MÁS ALLÁ DE LAS VERDADES ESTABLECIDAS

«Las verdades profundas son afirmaciones cuyo opuesto también contiene una verdad profunda».

Niels Bohr [1]

Muchas teorías científicas hoy en día son obsoletas y, sin embargo, se siguen enseñando en las escuelas y en las universidades. Algunas, en su día, demostraban algo sencillamente porque se carecía de la tecnología necesaria para demostrar lo contrario. Por ejemplo, la estructura del átomo se consideró rígida hasta que se demostró que la posición del electrón está en un campo de posibilidades. Del mismo modo, en la actualidad se afirma que todo está separado y que el universo no está unido por lo que antiguamente se llamaba éter. En 1887 Michelson y Mosley declararon que, si realmente hubiera algo que lo conectara todo, ese algo debería tener movimiento y este podría detectarse. Como mediante sus experimentos no pudieron medirlo, declararon una «verdad profunda»: todo está separado.

Esta verdad profunda programó a numerosas generaciones en un paradigma cuya falsedad hoy conocemos, lo que no impide que muchos sigan viviendo en él. Ello se debe a que las creencias establecidas marcan nuestra forma de pensar y de ver el mundo.

Más de cien años después de Michelson y Mosley, en 1996, se repitió el experimento y la revista Nature publicó los resultados bajo el título: «Relatividad especial». Se detectó movimiento en el campo.

Hay una energía que lo une todo, llamada «campo», a la que muchos, incluido yo, llamamos «matrix» o matriz.

Al recibir el Premio Nobel en 1944, Max Planck dijo: «Toda materia tiene su origen y existe en virtud de una fuerza. Debemos presuponer la existencia de una Mente inteligente y consciente tras esa fuerza. Esta mente es la matriz de toda la materia».

Nuestra existencia, nuestra forma de pensar y, por lo tanto, de alguna manera nuestra forma de crear se sustentan en unas premisas o presuposiciones (verdades profundas) que hoy en día se han demostrado falsas.

Es lícito reflexionar y replantearnos nuestra forma de vida. Creo que lo más inteligente que puede hacer una persona es cuestionarse a sí misma tantas veces como sea posible. Ello le permitirá evolucionar en su pensamiento y adquirir verdades profundas que sustituyan otras verdades profundas totalmente opuestas, pero que le han servido para vivir.

Estamos ante un gran cambio paradigmático. Cada día son más las mentes que viven y comprenden la globalidad, que se dan cuenta de que nuestros actos repercuten en los demás y de que absolutamente todo lo que hacemos afecta al resto. En estos momentos, estoy pensando en mí mismo y en cómo una decisión ha movido tantas almas y ha cambiado tantas vidas. Me refiero a una serie de vídeos colgados en internet. La idea surgió sin expectativas, simplemente para compartir, hasta me llegué a cuestionar si los vídeos le interesarían a alguien. Un año después resulta que hay miles y miles de personas que los ven. Recibimos unos cien mensajes de correo electrónico diarios en los que nos preguntan cosas con la intención de aprender. Correos de todas las partes del mundo e invitaciones para dar conferencias y cursos nos han llegado desde la

selva amazónica, de grupos de poder, de personas con mucha repu-
tación... Hemos recibido hasta propuestas de programas de ayuda
a las etnias más desfavorecidas.

Todo esto me ha hecho tomar plena consciencia de que nuestros
actos siempre tienen un efecto en alguna parte. Hoy en día internet tiene un poder de comunicación que nos era imposible imagi-
nar hace apenas unos pocos años. Todo sucede mucho más rápido;
vivimos en la era de la información, pero esta es tanta y las ideas
pueden ser tan dispares que, más que informada, nuestra mente se
encuentra inmersa en un galimatías.

Por eso se hace imprescindible desarrollar la capacidad de dis-
cernir. Para ello, necesitamos tener una mente autodidacta, abierta
a todo tipo de pensamientos y, sobre todo, una mente capacitada
para vivir en una verdad hoy y dejarla por otra mañana, porque el
pensamiento ha evolucionado hacia una verdad más profunda. Me
refiero a poner en marcha nuestra plasticidad neuronal, la capacidad que nos permite aprender y cambiar nuestros modelos de vida.

Vivimos bajo presunciones falsas que funcionan o han funciona-
do como verdades profundas:

SUPOSICIONES EN LAS QUE SE BASA LA TEORÍA DE DARWIN:[2]

1. La vida surge espontáneamente de la materia inerte.
2. La naturaleza no dota a una especie con más de lo que necesita para vivir.
3. Las especies existentes pueden evolucionar y dar lugar lentamente a especies completamente nuevas a lo largo de prolon-
   gados períodos de tiempo.

Estas premisas fueron verdades plenamente aceptadas por la
ciencia, pero hoy han sido superadas por otras más actuales y
ciertas. Lo que realmente es preocupante es que la ciencia avanza,
pero el ritmo del cambio de las enseñanza en las aulas es más lento.

Hoy en día, en las universidades se enseñan verdades que la ciencia ha declarado obsoletas. ¿Por qué? Hay varios experimentos que demuestran sobre todo la primera premisa:

> El experimento de Miller y Urey representa la primera comprobación de que se pueden formar espontáneamente moléculas orgánicas a partir de sustancias inorgánicas simples en condiciones ambientales adecuadas. Fue llevado a cabo en 1952 por Stanley Miller y Harold Clayton Urey en la Universidad de Chicago. Aunque no se obtuvo ningún tipo de materia viva, se formaron cinco aminoácidos. El experimento fue clave para apoyar la teoría del caldo primordial en el origen de la vida.[3]

Y Joan Oró, bioquímico español y asesor de la NASA, hizo otro descubrimiento:

> Utilizando ácido cianhídrico bajo condiciones ambientales similares a una hipotética atmósfera terrestre primitiva, obtuvo adenina. Esta fue la primera vez que se obtenía un compuesto orgánico y nitrogenado mediante síntesis abiótica en condiciones «similares» a las de la Tierra hace miles de millones de años.[4]

Más tarde se descubrió que los modelos de atmósfera propuestos eran poco acertados. Hace falta algo más que la ciencia no ha descubierto, o si lo ha hecho no se ha informado de modo oficial. En la actualidad hay varios científicos que especulan acerca de la posibilidad de que el ADN provenga del espacio interestelar. Seríamos criaturas formadas por «polvo de estrellas».

La segunda premisa también ha sido puesta en entredicho. Un ejemplo es la evolución del cerebro humano. «Nuestros cerebros se hicieron más grandes de lo que era realmente necesario».[5]

En cuanto a la tercera suposición, se ha demostrado que el ADN de los neandertales es muy diferente del nuestro, y esto los coloca en un árbol evolutivo distinto al del ser humano. Hasta la fecha, no hay ningún vestigio material de especies transitorias que apoye esta premisa de la evolución. Todo apunta, por ejemplo, a que no descendemos del *Homo neanderthalensis*.[6] Los arqueólogos Avi Gofer, Ron Barkai e Israel Hershkovitz, del Departamento de Anatomía y Antropología de la Facultad de Medicina de la Universidad de Tel Aviv, encontraron restos de *Homo sapiens*, concretamente dientes, en Israel con 400.000 años de antigüedad, cuando hasta hace poco los más arcaicos tenían 200.000 años.

Los ocho dientes se hallaron en la cueva de Qessem, un sitio prehistórico al este de Tel Aviv, y fueron analizados por un equipo de investigación internacional. Según los resultados de estas investigaciones, los dientes son muy similares en tamaño y forma a los del *Homo sapiens*.[7] Hoy en día hay argumentos científicos que nos llevan a pensar en un diseño inteligente (DI). Veamos sus presunciones:

PRESUPOSICIONES DEL DISEÑO INTELIGENTE:[8]

1. Existe un Orden en el universo.
2. La complejidad de los organismos vivos puede explicarse de modo más satisfactorio como el resultado de procesos con una dirección clara que como el de procesos aleatorios.

Esta teoría se basa en la idea de que tiene que haber un patrón a seguir y que, por lo tanto, detrás de este hay un proyecto o una inteligencia. La gran incógnita es de qué tipo de inteligencia se trata; esa es la pregunta que asuela todas las mentes que buscan «la verdad». ¿Por qué vivimos?, ¿por qué estamos aquí?, ¿qué sentido tiene la vida?, ¿para qué tantos esfuerzos si hemos de morir?, ¿hacia dónde se dirige esta fuerza descomunal?

Incluso el propio Darwin en El origen de las especies consideraba improbable que la selección natural fuera por sí sola la responsable de la enorme especialización de los órganos y tejidos.[9] El mismo

Einstein dijo: «Veo un patrón, pero mi imaginación no es capaz de concebir al hacedor del patrón (…). Todos bailamos al son de una melodía misteriosa, que entona a los lejos un flautista invisible».[10] Y Francis Crik, codescubridor de la molécula del ADN, cuando se le preguntó sobre la posibilidad de que la vida hubiera surgido de una serie aleatoria de acontecimientos, dijo:

> Un hombre honesto, armado de todo el conocimiento disponible actualmente, solo podría afirmar que el origen de la vida parece por el momento ser casi un milagro, tantas son las condiciones que debieron cumplirse para iniciarla.[11]

La teoría de la selección natural y la ley del más fuerte nos han llevado a la competitividad y a la destrucción. La naturaleza nos enseña que su principal fuerza es la COOPERACIÓN, y lo hace con multitud de ejemplos. Como el de un hormiguero, que funciona como un solo organismo. Debemos cambiar nuestro paradigma por el de la cooperación y abandonar la lucha del más fuerte, que nos ha conducido a la actual crisis. Una de las soluciones pasa por el cooperativismo, por la búsqueda de soluciones comunes. La vida humana muestra señales inequívocas de un diseño inteligente. Las pruebas de ello se encuentran al estudiar los infinitos procesos biológicos. Somos seres complejos. Los procesos de la naturaleza lo son. Esto nos lleva a la reflexión de que todo proceso fisiológico que se manifieste presupone la existencia de un patrón inteligente. En La verdad profunda, Gregg Braden nos pone un ejemplo muy elocuente: «Para que una hemorragia se detenga y se ponga en marcha el mecanismo de coagulación, han de estar presentes veinte proteínas distintas; si falta una, esto no funciona».[12] Y esto me lleva a deducir que las veinte proteínas deben estar presentes antes de constituirse la sangre, lo que demuestra que hay un patrón subyacente a la manifestación física. Esto no puede estar regido por la evolución, sino por un diseño inteligente.

Nuestras emociones influyen en el campo o matriz en que nos

hallamos inmersos. Todo nuestro mundo y nuestros cuerpos están constituidos por un campo de energía que nos entrelaza (la materia oscura).[13] Toda la energía, por definición, es información. Todo es potencialidad pura; todo está por manifestarse.

¿Qué es la materia oscura? Los neófitos, como yo, necesitamos buscar una respuesta que nuestras mentes puedan entender. La física tiene un modelo llamado estándar que sería lo que la teoría de la evolución es a la biología. Este modelo intenta explicar lo que podemos ver y lo que debe haber ahí. Dicho de otro modo, hay un universo visible ahí afuera, pero su distribución nos indica que debe haber «algo» más para que lo que vemos tenga su razón de ser y estar. Las distancias que hay entre los objetos visibles (galaxias, soles, planetas, etcétera) deben estar mediadas por este algo que la ciencia llama materia oscura.

Hay otra hipótesis importante para comprender todo esto. Se sabe, o al menos se cree, que las galaxias se van alejando unas de otras. Para que esto sea posible, es necesario algún tipo de energía. A esta se la denomina energía oscura. Se cree que la materia y la energía oscuras conforman el noventa y seis por ciento de la masa y la energía del cosmos.

> Los científicos diferencian entre materia oscura y energía oscura porque parecen comportarse de manera distinta. La materia oscura parece tener masa y formar acumulaciones gigantescas. De hecho, los cosmólogos calculan que la atracción gravitatoria de estas acumulaciones jugaba un papel principal para que la materia ordinaria formara las galaxias. Por contraste, la energía oscura parece no tener masa y distribuirse uniformemente por todo el espacio, donde actúa como una especie de antigravedad, una fuerza repulsora que está desgarrando el universo.[14]

Parece evidente que la materia oscura y la energía oscura sustentan el universo visible y le dan sentido. Esta materia y esta energía lo penetran todo, están en todas partes y serían la parte invisible que permite la manifestación de la parte visible.

Un indicio más de la existencia de un diseño inteligente nos lo proporciona la teoría del holograma, formulada por Dennis Gabor en 1947, por la que mereció el Premio Nobel en 1971. Esta teoría demuestra algo que la sabiduría espiritual afirma desde hace miles de años: que la parte se encuentra en el todo y el todo en cada parte.

Un curso de milagros nos dice: «Cuando hiciste que lo que no es verdad fuese visible, lo que es verdad se volvió invisible para ti».[15] Magnífica reflexión sobre nuestra dualidad y nuestra percepción. Detrás del universo visible hay un universo invisible que muchos científicos ya anuncian o predicen. Por ello he citado a Niels Borh, Max Plank y Gregg Braden. Todos ellos intuyen que hay una sustancia que mantiene al universo visible tal cual lo percibimos, una energía inconmensurable que lo alimenta todo y le da significado.

También vale la pena mencionar a David Bohm y su teoría del orden implicado y el orden explicado. Según él, lo que vemos (las galaxias, las estrellas y los planetas) configura el orden explicado, pues son la manifestación de un orden subyacente, que llama implicado. Esto significaría que hay orden por doquier y que el azar brilla por su ausencia.

El universo es la consecuencia de una inteligencia que se manifiesta en todas partes. Pero, para comprenderla, hay que ir más allá de la física y adentrarse en la metafísica.

Podemos ver reflejada esta metafísica en *Un curso de milagros*. Para mí este es un libro cuántico; en él se expresan grandes verdades, ocultas tras metáforas y palabras pseudorreligiosas. Palabras que a mucha gente le molestan, tal como me ocurría a mí. Me molestaban las palabras como Dios, Espíritu Santo, Cielo, Infierno, etcétera; incluso el mismo título del libro. Más tarde, comprendí que lo que había que cambiar no eran las palabras, sino los conceptos que encerraban. Luego entiendes que Dios es Inteligencia universal, que el Espíritu Santo es la manifestación de la sabiduría dentro de ti, que no hay pecado y que lo único que hay que cambiar es la percepción, que es preciso liberarse de la culpabilidad que nos mantiene atados a este mundo de dolor. Que el dolor que sufrimos y la creencia en el sacrificio son los pilares que sustentan nuestro mundo visible. Un mundo donde la separación es ley; un mundo en el que si tú tienes, el otro no; un mundo donde compartir es perder; un mundo en que dar solamente sirve para obtener y, si das, pierdes. Todas estas creencias y muchas más son la sustancia mental que nos hace ponernos enfermos. La enfermedad es la manifestación de una desarmonía interior, de una falta de coherencia en nosotros mismos. Se trata de pura idolatría, la creencia de que se nos puede desposeer de nuestro poder, y entonces buscamos afuera aquello que solamente está dentro de nosotros. Construimos iglesias, templos, dioses esperando encontrar en ellos la tan ansiada paz. Oramos y oramos, y nos sentimos abandonados porque no recibimos las respuestas esperadas.

Creemos que hay un Dios que nos juzga. No comprendemos que esta característica o atributo no le corresponde a Él, sino al ego. La fuerza del juicio, la del acto de juzgar, es la energía que alimenta la separación. Esta verdad profunda esconde otra más profunda todavía, invisible a nuestros ojos duales: que todo está intrínsecamente unido, que no hay nada que no forme parte de nosotros y nosotros de ello.

Este libro pretende abrir nuestros ojos a esta verdad escondida, mediante el cambio de las creencias que son la base de la percepción, la cual crea el mundo que vemos.

El mundo de la percepción, por otra parte, es el mundo del tiempo, de los cambios, de los comienzos y de los finales. Se basa en interpretaciones, no en hechos. Es un mundo de nacimientos y muertes, basado en nuestra creencia en la escasez, en la pérdida, en la separación y en la muerte. Es un mundo que aprendemos, en vez de un algo que se nos da; es selectivo en cuanto al énfasis perceptual, inestable en su modo de operar e inexacto en sus in-

terpretaciones. (...) Una vez que alguien queda atrapado en el mundo de la percepción, queda atrapado en un sueño.[16]

HABLEMOS DE LA SOMBRA, ESA GRAN DESCONOCIDA

«No os resistáis al mal».

Jesús (Mateo 5:39)

«Porque el bien que quisiera hacer, no lo hago, pero el mal que no quisiera hacer, lo hago».

(Pablo, Rom 7:19)[1]

«Prefiero ser un individuo completo antes que una persona buena».

Carl G. Jung[2]

PERO ¿QUÉ ES LA SOMBRA?

Voy a empezar diciendo que la sombra, en contra de diversas opiniones, no es algo malo. La sombra es mala para la conciencia, porque esta está conformada, entre otras cosas, por absolutamente todo lo que el consciente rechaza de sí mismo. Vendría a ser como el saco que utiliza el ego para esconder aquello que considera malo, que desea mantener en secreto, lo que se oculta por miedo a lo que puedan decir o pensar los demás.

La sombra es una gran carga y muchas veces se expresa en el árbol genealógico. Se manifiesta en situaciones, relaciones, síntomas físicos y experiencias que afectan la vida de muchos de los integrantes del árbol.

La sombra también contiene todas nuestras potencialidades y cualidades sin desarrollar. Podemos cumplir los mandatos paternos, pero nuestro potencial interior al final acabará saliendo. Es mi caso. Estudie ingeniería técnica como mi padre, y hasta en la misma universidad. Pero a los treinta y tres años tuve que romper con todo y cambiar radicalmente mi vida. Una fuerza en mi interior me dictaba el camino a seguir. Me dediqué a la sanación. Me licencié en psicología a los cuarenta y nueve años y hoy en día puedo decir que estoy en paz conmigo mismo, porque siento *que lo que hago es lo que soy.*

La sombra es inconsciente por definición; no podemos saber siempre si estamos sometidos o no a sus programas.

Para alcanzar el estado de paz interior, hemos de buscar la integración de la sobra en nuestra consciencia. Debemos aprender a gestionar nuestra sombra, a conocerla cuando se expresa.

En 1945 Carl G. Jung definió la sombra como lo que una persona no desea ser. «Uno no se ilumina imaginando figuras de luz —afirmó—, sino haciendo consciente la oscuridad; un procedimiento, no obstante, trabajoso y, por lo tanto, impopular».3

Demasiadas veces tratamos de ocultar ante los ojos de los demás nuestros enfados, ansiedades, miedos, emociones y percepciones. Estas represiones afectan directamente a nuestro inconsciente. Allí ocultamos las emociones reprimidas, las que creemos que no podemos mostrar en sociedad por temor a ser rechazados, uno de los mayores miedos inconscientes.

Hay varias maneras de tomar conciencia:

- ✓ Cuando tenemos reacciones exageradas frente a las creencias u opiniones de los demás.
- ✓ Cuando hay algo que nos gusta de manera especial.
- ✓ Con el sentido del humor. Las personas con poco sentido del humor tienen su sombra muy maniatada.
- ✓ Con todas las cosas que tienen que ver con los tabúes sociales: sexo, dinero, estatus, etcétera.

✓ Con las relaciones personales y más íntimas; por ejemplo, al elegir pareja. En la consideración de nuestros ídolos, a quienes atribuimos los valores que no podemos ver en nosotros mismos.

✓ En los acontecimientos deportivos.

✓ Cuando creemos que debemos ser buenos y hacemos mil cosas para demostrarlo.

✓ En nuestras fantasías y sueños.

La sombra se proyecta continuamente en todo lo que nos rodea; es uno de los caminos del inconsciente para mostrarnos nuestra otra cara. «No quiero ser como mi madre», exclama una mujer, pero actúa de la misma manera mediatizada u oculta. Cuando nos vemos reflejados en quien más rechazamos, sufrimos un sobresalto.

Hasta *Un curso de milagros* lo dice:

«Los que descubren que su salvador ya no es su enemigo experimentan un sobresalto».[4] Muchas veces hemos visto como la sombra del árbol genealógico se proyecta en uno o dos de sus miembros. A estas personas se las acostumbra llamar «ovejas negras» o «chivos expiatorios». Desconocemos las causas de este fenómeno, pero sabemos que se manifiesta en personas que presentan ciertos síntomas, bajo ciertas circunstancias, que tienen determinados aspectos negativos en sus vidas. Yo siempre digo que estas almas son muy elevadas, porque alivian las cargas de los demás. Gracias a sus síntomas, pueden plantearse muchas cuestiones y tomar conciencia, para sanarse y liberar a sus ancestros y descendientes de posibles problemas o enfermedades.

Cada uno de nosotros recibe de los padres y ancestros cierto legado que se encuentra en nuestra sombra. Nos transmiten todos aquellos problemas disfuncionales que no pudieron o no supieron solucionar: creencias, valores, costumbres, hábitos, prejuicios, tabúes, etcétera.

Esta es la razón por la que nos enamoramos de personas completamente diferentes a nosotros, pero que llevan el mismo programa polarizado de forma especular (espejo). La víctima con el victimario, el introvertido con la extravertida, el creyente con el ateo, el silencioso con el parlanchín, el reprimido sexual con la liberal en el sexo. Es más: estamos programados para no tener hijos y nos casamos con personas estériles, como una paciente mía que nació sin útero. En su árbol familiar había montones de mujeres que habían sufrido abusos sexuales o embarazos no deseados.

Una pregunta que siempre hago a mis pacientes es: «¿Qué crees que te hizo especial a los ojos de tu compañero?». Y también estas otras: «¿Qué es lo que más te disgusta de tu pareja?, ¿y lo que más te gusta?».

En nuestros cónyuges podemos encontrar a nuestros opuestos y así descubrir aspectos de nuestra sombra.

LA CONVERGENCIA EN EL CUERPO DE NUESTRA SOMBRA

Este es uno de los aspectos que más estudiamos y aplicamos a través del método de bioneuroemoción (BNE).

En BNE hacer consciente la sombra se considera un imperativo biológico fundamental. Yo lo llamo buscar *la historia que hay detrás de la historia*: la historia oculta tras la historia que el ego se explica a sí mismo.

Es importante dejar muy claro que la sombra nunca miente; es el ego quien lo hace. La sombra es considerada dañina, pero ello se debe a las proyecciones del ego sobre ella. Cuando les digo a mis pacientes que su historia es mentira, se quedan sorprendidos. Pero nada es más cierto. Sus historias conscientes no sirven para nada, salvo para justificarse y dar explicaciones racionales. Pero no llegan a las vísceras, que es el lugar donde se manifiesta el inconsciente a través de la sombra.

En nuestro cuerpos se manifiestan todos nuestros dioses y todos nuestros demonios. Podemos expresar nuestras más elevadas cualidades y las bajezas más extremas. El trabajo de cada uno consis-

te en aglutinarlas e integrarlas; ambas son aspectos de lo mismo.
Comprender esto equivale a ingresar en otro ámbito mental, en otro campo de acción, donde los opuestos dejan de existir porque la mente asume todos sus aspectos y se libera de todos los juicios.

En su libro Tu realidad inmortal, Gary R. Renard nos dice que la sombra vendría a ser la mente errónea, en la que el ego proyecta continuamente la imagen de todo aquello que deseamos ocultar, la cara de la culpabilidad, lo que nos permite mostrar otra cara de inocencia al mundo. Cuando utilizamos la mente recta, que es la que nos enseña el Espíritu Santo, comprendemos que la mente errónea es la ilusión y que no es real. La errónea domina este mundo dual; por ello nos manifestamos dualmente: lo que queremos mostrar al mundo y lo que queremos ocultarle. A esto último lo llamamos sombra. La sombra contiene la mayor parte de la culpa inconsciente, que el ego rechaza constantemente.

Repito: no hay que olvidar que la sombra nunca miente. Debemos escucharla para poder descubrir los ardides del ego. Este siempre está interesado en la disputa y la controversia, pues así se asegura la pérdida de paz mental. Y sin paz mental no es posible la disolución del ego.

El ego sin, la culpabilidad, no tiene razón de existir. Por eso la ama tanto. Es la roca sobre la cual ha edificado su iglesia. La culpabilidad nos lleva a repetir las historias. ¿Para qué? Para aplicar el perdón integrándolas cuando aquietamos nuestra mente y cambiamos la percepción de lo que vemos.

Wilhelm Reich consideraba que el psiquismo constituye una expresión de nuestro cuerpo. Para él, el cuerpo y la mente son funcionalmente idénticos.

En ningún lugar se expresa con tanta claridad la identidad funcional como principio de investigación del funcionalismo orgonómico como en la unidad existente entre psique y soma, entre emoción y excitación, entre sensación y estímulo. Esta unidad, o identidad constituye la base fundamental de la vida,

y excluye de una vez por todas cualquier posible trascendenta-
lismo, o incluso autonomía, de las emociones.[5]

LA COHERENCIA O SU AUSENCIA

John C. Pierrakos, que en la década de los cuarenta fue discípulo
de Wilhelm Reich, dice en *La anatomía del mal:*

> La persona sana gobierna positivamente su vida y se siente
> satisfecha consigo misma. En este estado la enfermedad y el
> mal están casi completamente ausentes. El principal rasgo dis-
> tintivo de la enfermedad, por el contrario, consiste en la distor-
> sión de la realidad, la distorsión de la realidad corporal, de la
> realidad emocional y de la realidad de la verdadera naturaleza
> de los demás y de sus acciones. El mal, entonces, constituye
> una distorsión de hechos que, en sí mismos, son naturales. Pero
> la persona enferma no percibe sus propias distorsiones, sino
> que siente que la enfermedad procede del exterior. El enfermo
> suele considerar que sus problemas están causados por factores
> externos.[6]

Proyectamos en la sombra la creencia de que nuestras enfermedades son ajenas a nosotros y así nos mantenemos en una adolescencia
emocional. Renunciamos a la propia responsabilidad. Una persona
sana hace precisamente lo contrario.

Para que esto sea así, es importantísima la coherencia emocional. La persona debe alinear lo que piensa con lo que siente y lo
que hace. A lo largo de este libro, haré referencia a esta coherencia
continuamente. No olvidemos que la salud y la enfermedad están
unidas de forma indisoluble.

Una de las maneras de recuperar la coherencia consiste en estar
en armonía con la propia sombra. Como decía Jung: «La sombra
solo resulta peligrosa cuando no le prestamos la debida atención».

Para ello tenemos que liberarnos de la culpa, encauzar nuestras
emociones y reverenciar las que mantenemos ocultas a los ojos del

ego. Darnos cuenta de cómo nos proyectamos en los demás, cómo son nuestras relaciones, tanto interpersonales como intrapersonales. Observar nuestros valores y creencias, desarrollar la suficiente flexibilidad mental para cambiarlos, sin olvidar que estos se expresan en nuestros cuerpos.

Quisiera destacar que la sombra tiene un enorme potencial de expresión y que, al liberarla con el amor, sin añadir juicios, uno puede extraer de ella una energía enorme que impulsa a alcanzar metas mayores y a manifestar el propio destino o programas de orden superior. Al liberar la sombra, liberamos la mente errónea, la iluminamos con la percepción del Espíritu Santo y dejamos que todas nuestras capacidades y potencialidades se manifiesten.

Este es el propósito del libro: liberar la parte oculta de nosotros mismos que gobierna este mundo de ilusión, para despertar de este sueño y convertirlo en la manifestación de nuestras creaciones. Creaciones de felicidad, gracias a la ausencia del miedo y a la plena conciencia de que estamos conectados a la Fuente universal que todo lo provee y que espera que sus Hijos abran las puertas de la prisión de sus oscuridades mentales.

Puedes esclavizar a un cuerpo, pero las ideas son libres, y no pueden ser aprisionadas o limitadas en modo alguno, excepto por la mente que las concibió. Pues esta permanece unida a su fuente, que se convierte en su carcelero o en su libertador, según el objetivo que acepte para sí misma.[7]

EPÍLOGO SOBRE LA SOMBRA

Querida sombra, te permito que te manifiestes; tu liberación es mi futura sabiduría; tu expresión me permite realizar mi plenitud.

Sal del anonimato para que pueda conocerme. Sal del anonimato para que pueda saber cuál es mi potencial. Sal del anonimato para que pueda conocer mi capacidad de expresión. Sal del anonimato para que mi creatividad se exprese en su máximo nivel.

Conocerte me permite liberarme del bien y del mal. Liberarte me permite encontrar las puertas del conocimiento y mi divinidad. Trabajar contigo me permite encontrar la vida auténtica. Me permite liberarme de ataduras basadas en las opiniones de los demás, en sus críticas, en sus proyecciones, en sus manipulaciones. Ahora sé que todo lo que me rodea forma parte de mí. Ahora sé que lo que me rodea es el espejo en el cual puedo verme a mí mismo y ver todos los aspectos que no podía ver.

Gracias por permitirme reírme de la vida, porque el humor y la risa son una puerta para poder expresarme. El humor es la conexión con la relatividad de las cosas. No tomarme demasiado en serio me permite liberarme. Así sale a relucir aquella parte escondida, y entonces me puedo reír de ella.

Gracias, sombra, porque escondes el oro del cual yo no era consciente. Hacerte brillar me permite brillar y, cuando brillo, todo lo que me rodea brilla. Porque mi percepción queda sanada y me permite vivir otra realidad, reflejo de la realidad que pueden vivir los demás.

Si puedo elegir lo que hago en el mundo, entonces puedo elegir y asumir mi responsabilidad por todo lo que creo en él.

Enric Corbera, El observador en bioneuroemoción

MENTE ERRÓNEA - MENTE RECTA

Para alcanzar el estado de curación, es imprescindible saber utilizar la mente. De lo primero que debes ser consciente es de que tu mente está dividida. Una parte es la mente ilusoria y la otra es la real, la mente que percibe la verdad.

Tanto la mente errónea como la recta tienen una coherencia, porque ambas proceden de tu mente santa. Lo que ocurre es que has decidido poner una parte de tu mente al servicio del ego. Esta separación ocurrió cuando tú creíste que estabas separado de Dios. Sentirse separado de Dios, de la Fuente universal, hace que esto suceda y que lo vivas de esta manera. Pero, como no es real, de aquí nace la ilusión y su mundo: el mundo de la ilusión.

Ambas mentes perciben el mundo de manera totalmente diferente. Eso te convierte en el hacedor del mundo que deseas ver. Si no eres consciente de ello, entonces te conviertes en víctima de un mundo en el que percibes peligros, buscas ídolos protectores, crees que pueden hacerte daño y que tú también puedes hacerlo. Un mundo en el que la enfermedad es algo temible, la muerte un fin, el sufrimiento es una manera de vivir y toda la vida es un sinfín de problemas que debes resolver para subsistir. Acabo de definir el mundo del miedo, en el que rige la proyección.

El mundo que ves es el sistema ilusorio de aquellos a quienes
la culpabilidad ha enloquecido. Contempla detenidamente este
mundo y te darás cuenta de que así es. Pues este mundo es el
símbolo del castigo, y todas las leyes que parecen regirlo son las
leyes de la muerte. Los niños vienen al mundo con dolor y a
través del dolor. Su crecimiento va acompañado de sufrimiento
y muy pronto aprenden lo que son las penas, la separación y la
muerte. Sus mentes parecen estar atrapadas en sus cerebros, y sus
fuerzas parecen decaer cuando sus cuerpos se lastiman. Parecen
amar, sin embargo, abandonan y son abandonados. Parecen per-
der aquello que aman, la cual es quizá la más descabellada de
todas las creencias. Y sus cuerpos se marchitan, exhalan el último
suspiro, se les da sepultura y dejan de existir. Ni uno solo de ellos
ha podido dejar de creer que Dios es cruel.[1]

Por otra parte, la mente recta, la que está inspirada por el Espíritu
Santo, percibe el mundo como un lugar lleno de oportunidades
para aprender, para aplicar correctamente el perdón. Es la mente de
la curación. Es el mundo real, el mundo donde vive el Amor. Es el
mundo de la extensión.

EL PRINCIPIO DE ESCASEZ

Es uno de los principios que rigen el mundo de la ilusión, de la
carencia, de la falta, de la pequeñez. Es la creencia en la escasez.

Este principio se alimenta del mundo del miedo, de la separación. Por eso *UCDM* nos dice: «La única carencia que realmente
necesitas corregir es tu sensación de estar separado de Dios».[2] Has
de comprender que el principio de escasez es la causa de que creas
tener necesidades. No eres consciente de que eres tú mismo quien
te priva de algo.

Debido al principio de escasez,

«… buscamos en otros lo que consideramos que nos falta a nosotros. "Amamos" a otro con el objeto de ver qué podemos sacar de él.

De hecho, a esto es a lo que en el mundo de los sueños se le llama amor».[3]

Para sanar, hemos de invertir nuestro sistema de pensamientos, debemos decidir quién dirigirá nuestra mente. Esto requiere un estado de alerta, un cuestionamiento de todas las creencias para que la mente empiece a pensar más libremente. *Un curso de milagros* nos dice que esto no lo podemos hacer solos, o desde el ego. Necesitamos ayuda, y esta solo puede proceder del Espíritu Santo.

Este es un pensamiento revolucionario, una revolución de la conciencia: dejar de buscar afuera, saber que lo que hay afuera solo es la manifestación de lo que está dentro de nosotros.

El mismo Aristóteles decía:

«Si te preocupan problemas financieros, amorosos o de relaciones familiares, busca en tu interior la respuesta para calmarte. Tú eres el reflejo de lo que piensas diariamente».[4] Lo que nos debe quedar claro —y en ello radica la auténtica revolución del pensamiento— es que los males del cuerpo no provienen del cuerpo, sino de la mente enferma. La mente manifiesta la enfermedad cuando ella misma no está en coherencia con lo que piensa y con lo que hace.

Toda curación empieza con esta verdad. La prolongación de la enfermedad deriva de su atribución a la casualidad o de considerarla una «cruz» enviada por Dios.

De esta idea se nutren tanto el ateo como el mártir. Ambos creen no tener nada que ver con lo que les sucede. El primero piensa que Dios no existe, y el segundo que Dios le exige sacrificios para santificar su alma.

La enfermedad es la creencia en que todo lo que me ocurre se debe a factores externos a mí.

Veamos algunas reflexiones de *UCDM:*

> *La enfermedad es una forma de búsqueda externa. La salud es paz interior.*[5]

El cuerpo no puede crear y la creencia de que puede da lugar a, los síntomas físicos.[6]

A la larga, todo el mundo empieza a reconocer, por muy vagamente que sea, que tiene que haber un camino mejor.[7]
La distorsión que dio lugar a la magia se basa en la creencia de que existe una capacidad creativa en la materia que la mente no puede controlar.[8]

Magia o principios mágicos son todos los remedios que utilizamos para curar el cuerpo. Se basan en la creencia de que el cuerpo es el responsable de todos los males físicos. El *Curso* no nos dice que no debemos utilizarlos, más bien todo lo contario. Afirma que nuestra mente está tan atrapada en sus creencias de separación que se necesita un enfoque de conciliación entre el cuerpo y la mente. Por eso, mi consejo personal es que, mientras sanamos nuestra mente, tomemos remedios para sanar el cuerpo. Calmar los dolores ayuda a que la mente esté lo bastante tranquila para reflexionar acerca de las percepciones que debe sanar para hallar la paz interior. Este es el requisito previo para la curación de todos nuestros males.

Para despertar nuestro poder interior, es imprescindible reconocer que formamos parte de un Todo y que este nos proporciona las soluciones a nuestros males. Debemos rechazar la idea de que estamos solos, a la merced de todo lo malo que nos rodea, empezando por la enfermedad. Sin este cambio de pensamiento, acceder al estado de curación es totalmente imposible.

Ello se debe a que «es difícil reconocer la oleada de poder que resulta de la combinación de pensamiento y creencia, la cual puede literalmente mover montañas».[9]

UCDM nos devuelve la responsabilidad a nosotros; nos propone que salgamos de la adolescencia y nos hagamos adultos. Que tomemos conciencia de una vez por todas de que nuestros pensamientos son la sustancia que conforma nuestras vidas. Debemos aprender a utilizarlos, a conocer su poder y a dejar de prestarles atención. De lo contrario, estos se mueven y se encuentran con pensamientos afines, que alimentan el mundo que nosotros creemos real, sin ser capaces de percibir que es una ilusión.

Por eso *UCDM* dice:

> *Tal vez creas que eres responsable de lo que haces pero no de lo que piensas. La verdad es que eres responsable de lo que piensas porque es solamente en este nivel donde puedes ejercer tu poder de decisión.*[10]

> *Eres demasiado tolerante con las divagaciones de tu mente y condonas pasivamente sus creaciones falsas.*[11]

Como vemos, *UCDM* nos conmina a estar alerta, a tener una mente disciplinada y a mirar dentro de nuestro corazón antes de tomar cualquier decisión. A ser responsables, pues los pensamientos siempre crean forma en alguna parte y, muchas veces, esta parte se encuentra en nuestros cuerpos.

> *No hay pensamientos fútiles. Todo pensamiento produce forma en algún nivel.*[12]

Para cerrar este capítulo, quiero hacer referencia a Groddeck, un psicoanalista contemporáneo de Freud que llegó a conclusiones altamente revolucionarias para su época. Sus ideas son radicales aún hoy, pero ya están haciendo mella en mucha gente, sobre todo entre quienes empiezan a estudiar *Un curso de milagros*. Groddeck llegó a la conclusión de que los cerebros y los cuerpos son fabricados por la mente, en lugar de ser al revés, y que la mente —descrita por Groddeck como una fuerza llamada ello— los fabrica para sus propios fines. *UCDM* explica lo mismo y a este ello lo llama el ego.[13] Por eso Groddeck formulaba a sus pacientes una pregunta que les resultaba muy irritante: cuál les parecía que era el propósito de su enfermedad. Lo que pretendía era rescatar a sus pacientes de las garras del victimismo, llevarlos a considerar su estado como una decisión de orden superior escondida en su inconsciente.

LA DUALIDAD FRENTE A LA NO DUALIDAD

La dualidad se basa en la percepción y la no dualidad se basa en el conocimiento. La primera está regida por el ego y la segunda es la visión del Espíritu Santo.

El pensamiento dual es la interpretación del mundo: yo estoy separado de ti; lo que me ocurre es algo externo a mí; debo protegerme del exterior; mis pensamientos no van a ninguna parte; la culpabilidad es mi gran dios; para deshacerme de ella debo proyectarla en los demás; la enfermedad es del cuerpo; mente y cuerpo están separados; mi cuerpo me demuestra que estoy separado de ti; mis desgracias, dolores y enfermedades demuestran que Dios no existe, porque, si existiera, no permitiría estas cosas. En el mundo dual, el sufrimiento y el sacrificio son fundamentales: como creo que estoy separado de algún dios, debo hacer algo para congraciarme con él. Me resulta imposible pensar que yo pueda recibirlo todo a cambio de nada. Se trata de la creencia en el pecado y en la muerte como final de todo; la creencia de que mi mente está confinada dentro del cuerpo; de que esta es un producto del cuerpo; de que la materia tiene algún tipo de poder o capacidad para crear algo que yo no puedo controlar, o solo puedo hacerlo con mucha dificultad. En el mundo dual todo parece al revés de como es. La ciencia demuestra la existencia de lo que llamamos el mundo real, pero la misma ciencia señala que el mundo es solamente una proyección de la mente. La ciencia está en la misma tesitura que propone *UCDM:* la mente dual o newtoniana o la mente no dual de la física cuántica.

Con respecto al cuerpo, *Un curso de milagros* nos dice: «Sin embargo, es casi imposible negar su existencia en este mundo. Los que lo hacen se dedican a una forma de negación particularmente inútil».[1] Por otro lado, en la no dualidad todo está conectado. Muchos llaman matriz a la sustancia que lo interconecta todo. La no dualidad nos enseña que nosotros atraemos lo que nos acontece con nuestros pensamientos. Ellos crean constantemente nuestra realidad, y su fuerza reside en la emoción que ponemos en las relaciones y en los acontecimientos. En la mente no dual, la observación es crucial y el observador sabe que puede alterar lo observado cambiando el pensamiento y el sentimiento. Para vivir con la mente no dual, se hace imprescindible estar alerta: un estado de quietud mental frente a lo que se observa que nos lleva a preguntarnos para qué hemos atraído una determinada experiencia a nuestra vida. La no dualidad nos aleja del victimismo, del «pobre de mí»; nos convierte en adultos espirituales, responsables de nuestros pensamientos y por consiguiente de nuestras acciones.

> *Debe de observarse con especial atención que Dios solamente tiene un Hijo. Si todas las creaciones de Dios son Hijos suyos, cada una de ellas tiene que ser parte integral de la Filiación. La Filiación en su unicidad trasciende la suma de sus partes.*[2]

Kenneth Wapnick nos dice:

> Podemos ver claramente que no hay manera de que el estado no dualista del Cielo pueda ser entendido por un cerebro que ha sido programado por la mente culpable y dualista para que no entienda lo que es la no dualidad, el estado que constituye la más grave amenaza para la existencia individual y específica. Y así llegamos a la médula del asunto: cómo hablarles de la verdad no dualista a mentes dualistas —y por consiguiente cerebros— que literalmente no pueden comprender esta verdad. Ese es el

reto al cual se enfrenta Jesús en *Un curso de milagros (UCDM)*, cuyas enseñanzas proceden de la verdad frente a un mundo de ilusión que no cree en ella y ni siquiera reconoce esta verdad.[3]

Un curso de milagros nos enseña continuamente esta no dualidad en sus páginas, por ejemplo, cuando dice:

> *Tus acciones son el resultado de tus pensamientos. No puedes separarte de la verdad otorgándole autonomía al comportamiento.*[4]
>
> *Es difícil reconocer la oleada de poder que resulta de la combinación de pensamiento y creencia, la cual puede literalmente mover montañas.*[5]

UCDM hace hincapié en que la enseñanza no dualista no se entiende, pero se puede enseñar mediante símbolos y lenguaje metafórico dualista. Algo similar a las enseñanzas de Jesús mediante parábolas. Lo que se pretende es que la mente se desencaje de posiciones fijas. El Espíritu Santo se basa en tu idea de lo que crees que es el mundo para demostrarte que no es verdad. La enseñanza no dualista del Espíritu Santo empieza con la verdad de las cosas y de los sucesos que parecen opuestos, pero están relacionados los unos con los otros.

> *El Espíritu Santo es el vínculo entre la otra parte —el demente y absurdo deseo de estar separado, de ser diferente y especial— y el Cristo, para hacer que la unicidad le resulte clara a lo que es realmente uno. En este mundo esto no se entiende pero se puede enseñar.*[6]

EN BUSCA DE LA PERCEPCIÓN INOCENTE

En La desaparición del universo hay una explicación que resume lo que quiero exponer en este apartado:

«La realidad es invisible, y cualquier cosa que pueda ser percibida u observada de cualquier modo, incluso medida científicamente, es una ilusión; justo lo opuesto de lo que el mundo piensa».

Una de las cosas que debemos aprender es a percibir. Debemos liberar nuestra percepción de la dualidad, no caer en la trampa de que hay cosas buenas y cosas malas. Lo que más necesitamos es sanar nuestra percepción, pues esta determina el mundo. Cuando dejamos nuestra percepción en manos del ego, vemos carencia y necesidad, y esta percepción «fabrica» nuestro mundo: un mundo de separación, de necesidad, de carencia. Cuando ponemos la percepción en manos del Espíritu Santo, creamos, sabemos que formamos parte de aquello que percibimos y que nuestra percepción puede liberar lo percibido.

Por eso *UCDM* dice:

> *«Tu percepción debe de ser corregida antes de que puedas saber nada».*[1]

Vamos a hacer un juego de percepción:
¿Cómo sabes que existes?

¿Qué evidencias concretas tienes para saber que existes?

R.: Pienso, luego existo.

Bien, muy bien. ¿Cómo sabes que todo lo demás existe?

R.: Mis sentidos así me lo dicen e informan.

¡Ah! Muy bien. Vamos ahora a la gran pregunta:

¿cómo sabes que lo que te dicen tus sentidos es correcto? Está claro que tu única información procede de lo que te dicen tus sentidos. Pero estos solo transforman impulsos eléctricos de tu cerebro.

R.: ¿Entonces esto quiere decir que todo lo que yo percibo depende de mis conexiones neuronales?

Exacto.

R.: Es decir que no sé cómo es el Universo exactamente.

Eso es.

Todo aquello de lo que no soy consciente o que no percibo es inconsciente. Hay muchísimos datos que no proceso conscientemente, alrededor del noventa y siete por ciento de los bits de información que me rodean. Entonces ¿cómo puedo estar seguro de que lo que veo es verdad? ¿Dónde va la información de la que no tengo conciencia? Y la pregunta más importante: ¿qué ocurre con esta información inconsciente?

Sigo haciéndome preguntas: ¿lo que veo es real, o es una interpretación? Esta tiene respuesta, solo tengo que tomar conciencia de que un mismo hecho o situación puede percibirse de muchas maneras, mejor dicho, interpretarse. Entonces ¿en qué se basa mi interpretación? Obviamente detrás tiene que haber unas creencias y estas, a su vez, deben sustentarse en algún tipo de programa, para que ellas puedan seguir interpretando el mundo que ven.

¿Por qué existo? ¿Cuál es la finalidad de la vida? ¿No será morir? Y si me pongo en plan cósmico: ¿por qué el *big bang*? Está claro que tiene que haber algo antes del *big bang* y por definición debe tratarse de un acto de conciencia. La Conciencia percibe la dualidad y por eso ella puede hablar de un comienzo y de un final.

La ciencia no puede responder la pregunta acerca del porqué, pues esta se halla dentro del paradigma que se pretende resolver. Es una pregunta psicológica, y para poder responderla hay que salirse de las limitaciones que la ciencia impone, según las cuales todo debe ser medido, pesado, cuantificado, además de poder ser reproducido por un modelo que, a su vez, pueda refutarse.

En *UCDM* encontramos la siguiente afirmación:

> *La conciencia —el nivel de la percepción— fue la primera división que se introdujo en la mente después de la separación, convirtiendo a la mente de esta manera en un instrumento perceptor en vez de un instrumento creador. La conciencia ha sido correctamente identificada como perteneciente al ámbito del ego.*[2]

Debemos ir más allá de nuestros sentidos, de nuestros aparatos perceptores, incluso más allá de nuestras creencias, pues estas limitan e hipotecan la percepción del mundo.

Conocí a una chica en Guadalajara (México) que doblaba cucharas con la mente. La verdad que era poca cosa desde el punto de vista físico. Me decía: «Para poder doblar la cuchara, debes tener la certeza de que la cuchara en realidad no existe. Lo único que ves es una porción de la energía total que vibra de una manera diferente a como vibras tú. Lo que tienes que hacer es poner tu conciencia en comunión con la vibración de la cuchara, y esta se vuelve totalmente maleable».

Percibo porque tengo un instrumento perceptor: el cuerpo. La percepción me separa. Cuando la mente elige estar separada, elige pecibir.[3] «La capacidad de percibir hizo que el cuerpo fuese posible, ya que tienes que percibir algo y percibirlo con algo».[4] La percepción entraña juicio; no puedo percibir la dualidad sin hacer un juicio: bien/mal, bajo/alto, negro/blanco. Formulo un juicio de valor, y mi mente crea los niveles que están en función de mis juicios, que van desde lo óptimo hasta lo pésimo, pasando por diferentes grados. La percepción, como he dicho, alimenta la dualidad. Para que esta se manifieste en mi vida, tengo que creer que es posible no tener nada, carecer, y que, para sobrevivir, es necesario obtener. *UCDM* nos enseña que el mundo es la pantalla en la cual proyectamos nuestros sueños. Es la pantalla en la que vemos nuestra locura de la dualidad; en ella proyectamos nuestras fantasías, que no dejan de ser fútiles intentos de cambiar lo real. Esto nos convierte en seres temibles, porque creemos que nuestras fantasías deben cumplirse aún a costa de ir en contra de las fantasías de los demás. Disfrazamos estas fantasías con todo tipo de justificaciones y explicaciones acerca de cómo deberían ser las cosas para asegurar el buen funcionamiento del mundo. Entonces el mundo se polariza más y, cuanto más queremos cambiar algo, más lo reforzamos. Queremos sustituir nuestra realidad por otra y esto refuerza aún más la separación.

La mente puede hacer que la creencia en la separación sea muy real y aterradora, y esta creencia es lo que es el «diablo».[5]

Para alcanzar la percepción inocente, se hace imprescindible no hacer juicios. Seguimos percibiendo, pero nuestra percepción está en manos del Espíritu Santo. Él nos enseña a percibir con una mente libre de juicios.

Cuando percibimos sin hacer juicios, nuestra mente se libera y entonces puede empezar a crear, en vez de fabricar. Hay que tener en cuenta que nuestra mente está hecha a imagen y semejanza de nuestro Creador y, puesto que tiene la misma cualidad, no puede dejar de actuar. Como percibo separación y esto no es real, mi mente fabrica, y lo que fabrica es el mundo de la ilusión. En cambio, cuando pongo mi mente en manos del Espíritu Santo, esta crea tal como lo hace el mismo Dios. Es una mente que vive en el mundo real; es una mente inocente.

Por lo tanto, si deseamos curar nuestros males, una de las cosas que debemos hacer es corregir la mente dual y darnos cuenta de que la percepción de lo que llamamos realidad no es más que la proyección de las creencias. Atraemos a nuestras vidas aquello de lo cual pretendemos alejarnos porque le tenemos miedo. El miedo alimenta el sueño de la separación y lo proyectamos hacia fuera. Al hacerlo, lo convertimos en los sucesos que se manifiestan en nuestras vidas, y los atribuimos a la mala o a la buena suerte.

UCDM nos dice:

> *Una de las ilusiones de las que adoleces es la creencia de que los juicios que emites no tienen ningún efecto.*[6]

> *Cuando la Biblia dice: «No juzguéis y no seréis juzgados», lo que quiere decir es que si juzgas la realidad de otros no podrás evitar juzgar la tuya propia.*[7]

> *...juzgar implica que abrigas la creencia de que la realidad está a tu disposición para que puedas seleccionar de ella lo que mejor te parezca.*[8]

HABLEMOS DEL ESPÍRITU SANTO

A lo largo de este libro, hablaré del Espíritu Santo. A muchos les molesta esta expresión, porque, como me ocurría a mí, les recuerda la religión dualista de la Iglesia católica que, como yo, han dejado atrás para seguir buscando la verdad sobre Dios. Somos ateos de la religión dualista y empezamos a ser creyentes de la religión no dualista, tal como dice Alexander Marchand en su libro *El universo es un sueño*:

> Así, se podría decir que para encontrar al verdadero Dios hace falta convertirse en un ateo del Dios dualista. Hace falta no rendir honores a alguien que en realidad es un tarado cruel y dualista. Dios no puede ser perfecto Amor y al mismo tiempo un psicópata creador y manipulador del universo.[1]

El ego nos aleja del Espíritu Santo con la creencia en el pecado. Esta creencia nos hace tener miedo a Dios; como tememos que nos castigue, hacemos todo lo posible para agradarle. El ego alimenta constantemente esta cualidad con la creencia en la culpabilidad.

Como nos dice *UCDM*:

> «*Tener miedo de la Voluntad de Dios es una de las creencias más extrañas que la mente humana jamás haya podido concebir*».[2]

EL USO QUE EL EGO HACE DE LA CULPABILIDAD

Si sientes culpa, no podrás alcanzar la paz interior. Esta es una de las finalidades del ego: que tengas miedo. Sentirte culpable te hace pensar que te puedes liberar del dolor, pero no te das cuenta de que la raíz de todo dolor, ya sea físico o emocional, es precisamente la culpabilidad.

Cuando algo nos duele, podemos estar seguros de que hay un sentimiento de culpa escondido detrás de ese dolor. La fuente del dolor es inconsciente. Este se nos muestra para que tomemos conciencia de que algo anda mal en nuestra mente, y lo que realmente anda mal es nuestro estado de incoherencia emocional.

Cuando entregamos nuestro dolor al Espíritu Santo, no le pedimos que lo cure, sino que sane nuestra mente de la creencia en la culpabilidad. Solo deshaciendo la culpa podemos deshacer el dolor.

El Espíritu Santo nos enseña que, si queremos sanarnos, debemos hacer un proceso de integración entre la parte que mostramos al mundo y la parte que le escondemos. Mostramos al mundo nuestra cara de inocencia, pero en nuestro interior tememos el juicio del mundo.

Como dice *UCDM*:

> *El propósito del ego es infundir miedo porque solo los que tienen miedo pueden ser egoístas.*[3]

> *Siempre que le hagas caso al ego experimentarás culpabilidad y temerás ser castigado. El ego es literalmente un pensamiento atemorizante.*[4]

El Espíritu Santo nos libera del sentimiento de culpa, y esto permite liberar la mente, que deja de sufrir. En cambio, el ego intentará de todas las formas posibles que te sientas culpable. Así buscarás el castigo. Es más: te castigarás tanto física como mentalmente, pues creerás que, si así lo haces, Dios no te castigará.

La creencia en la culpabilidad está relacionada con la creencia en el tiempo. El tiempo existe como creación de una mente separada. El espacio-tiempo descubierto por Einstein es la manifestación de esta creencia. Si me siento separado de todo, tengo que poner distancia y tiempo. La culpa nos hace vivir el tiempo como lineal. Es una percepción psicológica. Si me siento culpable por algo que ocurrió en el «pasado», esto enturbia mi presente y busco el castigo en el futuro. El ego es la creencia de que se puede prever el futuro, y como en el fondo sabe que no es así, sufrimos crisis de ansiedad.

PERO ¿QUÉ ES EL ESPÍRITU SANTO?

El Espíritu Santo obviamente no es una persona ni un ente. Vendría a ser como el pensamiento de Amor puro, abstracto y no específico que siempre está presente en nuestras mentes separadas.

Un día sentí una inspiración relacionada con una analogía para comprender mejor qué es el Espíritu Santo. Ya sabemos que la Trinidad está definida como la conjunción del Padre, el Hijo y el Espíritu Santo, que son tres en uno, y este Uno es Dios. A partir de esta definición, se puede hacer la analogía siguiente:

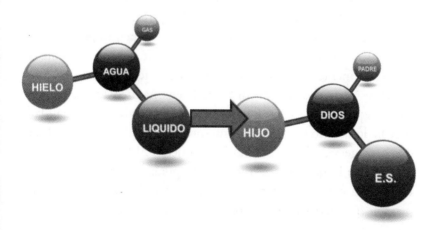

Por lo que vemos en esta analogía, el Espíritu Santo completa la interrelación entre el Padre y el Hijo.

En *Tu realidad inmortal*, Gary R. Renard dice que el Espíritu Santo vendría a ser como nuestro Yo superior.[5] Es el guía que nos habla en nombre de Dios Padre. Es la Inspiración universal, es la llamada a la Expiación, palabra que nos invita a restituir nuestra mente separada, a ver otra mente que creímos separada de nosotros y percibimos en unidad. Es la idea suprema de curación. A través del Espíritu Santo, nos liberamos de la culpa y así podemos sanar nuestra mente. Cuando la mente se sana, el cuerpo la sigue.

El Espíritu Santo nos señala que dar es recibir, enseñanza totalmente opuesta a la del ego, que te dice que, si das, pierdes; o, si das, es que esperas obtener.

El Espíritu Santo nos impulsa a olvidar aquello que creemos ser y a recordar lo que realmente somos.

UCDM nos dice: «El Espíritu Santo es tu Guía a la hora de elegir»,[6] y asimismo: «El poder de elegir es el mismo poder que el de crear, pero su aplicación es diferente. Elegir implica que la mente está dividida. El Espíritu Santo es una de las alternativas que puedes elegir».[7] Una de las funciones del Espíritu Santo que considero más importantes consiste en ayudarte a reinterpretar tu percepción y enseñarte que no entiendes lo que percibes, porque tu mente está dividida. Cuando ofreces al Espíritu Santo la situación que te hace daño, Él la reinterpreta y tú experimentas paz.

«El Espíritu Santo es el maestro perfecto. Se vale únicamente de lo que tu mente ya comprende para enseñarte que tú no lo comprendes».[8] Para ello el Espíritu Santo te enseña mediante los opuestos, aunque no separados. Como nuestra mente vive en la dualidad, percibe lo que no es igual y lo interpreta como algo de lo cual hay que protegerse, y lo hace a través del miedo. El Espíritu Santo nos enseña que lo que parece diferente es igual, pero manifestado de una forma complementaria u opuesta. Cuando somos capaces de percibir a nuestro opuesto como una parte de nosotros mismos, entonces la mente tiene la posibilidad de integrarse y así sanar. La sanación es el resultado de dejar de percibir algo separado para interpretarlo como perteneciente a uno mismo. Ya no hay lucha, ya no hay culpa, sino comprensión. Y es que nuestra mente siempre se está oponiendo a alguien o a algo.

UCDM en el capítulo quinto nos da una enseñanza magistral acerca de cómo el Espíritu Santo interpreta la enseñanza bíblica de «ofrecer la otra mejilla»: «Nada puede hacerte daño, y no debes mostrarle a tu hermano nada que no sea tu plenitud. Muéstrale que él no puede hacerte daño y que no le guardas rencor...».[9] El ego es la creencia de que nosotros nos tenemos que ocupar de todos nuestros problemas y buscarles la solución. Pero el Espíritu Santo se encargará de nuestra seguridad y bienestar si ponemos todo lo que nos preocupa en Sus manos.

> *No tienes que ser ni cuidadoso ni descuidado; necesitas simplemente echar sobre Sus Hombros toda angustia, pues Él cuida de ti.*[10]

Esto no quiere decir que no tengas que ocuparte de ti mismo y de los tuyos, sino que dejes en Sus manos las preocupaciones y las inquietudes que no te dejan estar en paz. Tú ya no quieres que todo sea como a ti te gustaría que fuera, simplemente sabes que hay Alguien que sabe mejor que tú lo que es mejor para todos, y por eso lo entregas.

Así, si no te sientes feliz, en paz, dichoso, tranquilo ante cualquier situación, estos son indicios de que has reaccionado sin amor y has buscado culpabilidad. Si esta culpabilidad bombardea tu mente consciente e inconsciente, puede mostrarse a tu conciencia como un dolor físico o enfermedad. El *Curso* nos enseña a entregar la situación al Espíritu Santo y así aplicar la Expiación:

«Tu papel consiste simplemente en hacer que tu pensamiento retorne al punto en que se cometió el error, y en entregárselo allí a la Expiación en paz».[11] En un contexto de curación, del cual trata en esencia este libro, encontramos en el «Manual para el maestro» instrucciones de Jesús acerca de cómo el maestro se debe presentar ante un hermano que cree estar enfermo:

> *Los maestros de Dios van a estos pacientes representando otra alternativa que dichos pacientes habían olvidado. La simple presencia del maestro de Dios les sirve de recordatorio. (...) En cuanto que mensajeros de Dios, los maestros de Dios son los símbolos de la salvación. (...) Representan la Alternativa. Con la Palabra de Dios en sus mentes, vienen como una bendición, no para curar a los enfermos sino para recordarles que hay un remedio que Dios les ha dado ya. No son sus manos las que curan. No son sus voces las que pronuncian la Palabra de Dios, sino que dan sencillamente lo que se les ha dado (...) Y le recuerdan que él *no se hizo a sí mismo y que aún es tal como Dios lo creó.[12]*

---

*   «su hermano enfermo»

LA CULPA

El ego utiliza la culpabilidad para dominar tu voluntad. De esta manera pierdes tu libertad, porque haces aquello que los demás esperan que hagas.

Este peso aplasta tu mente y no te permite ser tú mismo. Te hace perder la coherencia emocional y empiezas a vivir una vida que no es la tuya.

Ahora ya estás en manos de la enfermedad. Tu mente te dice una cosa, sientes otra y no haces tu voluntad.

LA DINÁMICA DEL EGO

Para poder sanar de nuestros males, penalidades y carencias debemos saber cómo opera el ego en nuestras mentes.

Kenneth Wapnick,[1] al hablar del error y el ego, dice que uno de nuestros errores es minimizar el apego al sistema del ego. Esto nos lleva a creer que el camino espiritual es muy fácil. Lo cierto es que, aunque no es difícil, requiere que te mantengas alerta frente a las divagaciones de tu mente. *UCDM* nos recuerda muchas veces que la mente no para nunca y que debemos mantenernos alerta, vigilando lo que ella piensa. Cuando entregamos algo al Espíritu Santo, debemos hacerlo en un acto plenamente consciente, un acto de entrega incondicional. Aquí reside la dificultad, por eso a veces creemos que el Espíritu Santo no nos escucha, o muchos, sencillamente lo interpretan como la demostración de que no existe.

Una de las cosas que el ego nos mantiene muy ocultas es la verdad sobre la creación del mundo y de nuestros cuerpos. *UCDM* dice en varias ocasiones que el mundo no pudo ser creado por Dios. Esta es una enseñanza clave del *Curso*. Porque, si Dios hubiera creado el mundo, este sería real y no podríamos liberarnos de él de ninguna manera. *UCDM* nos enseña a no dar credibilidad al mundo físico y al mundo psicológico. Una de las trampas del ego consiste en hacernos creer que podemos enviar luz a otras personas y rezar para que otros se curen. Esto lleva implícita la creencia de que el mundo y los cuerpos son reales. *UCDM* hace hincapié en ello cuando dice:

No intentes ayudar a un hermano a tu manera, pues no puedes ayudarte a ti mismo.²

Las interpretaciones que haces de las necesidades de tus hermanos son las interpretaciones que haces de las tuyas propias.³

Cuando ves enfermedad, la refuerzas. La creencia en la enfermedad hace que tu hermano siga enfermo. Es necesario que su mente reciba la bendición de otra mente que sepa que la enfermedad no es real. La enfermedad solamente es real en el mundo de la ilusión. Si fuera real, ciertamente Dios sería cruel. Este es un argumento que el ego utiliza para decirte que Dios no existe. La identificación con el cuerpo es un mandamiento para el ego, es el templo de la separación.

Al ego le encantan las comparaciones, pues compararse es ser diferente, y en la comparación uno puede permitirse sentirse mejor o descorazonado. Al ego poco le importa cómo te sientes, lo que realmente le importa es que te veas diferente. Utiliza el cuerpo muchas veces para estas comparaciones, para que le prestes mucha atención a tu cuerpo.

El ego es la creencia de que tú tienes que solucionar todos tus problemas, así tu mente siempre está ocupada por nimiedades. La cuestión es que tú siempre te estés proyectando hacia afuera y buscando culpables de todo lo que te suceda. Nunca olvides que: «Si te sigues sintiendo culpable es porque tu ego sigue al mando, ya que solo el ego puede experimentar culpabilidad».⁴ Tal vez estés pensado que al ego hay que atacarlo y machacarlo, pues nos tiene esclavizados en un mundo de sufrimiento donde reina el miedo. Nada más lejos de la realidad. No debemos olvidar el poder de nuestra mente. Si atacamos lo que creemos real, lo estamos reforzando en nuestras mentes, y nunca podremos dejar de atacar lo que consideremos peligroso o queramos sacarnos de la mente. Para deshacer el ego hay que dejar de prestar atención a sus mandatos, redirigir la mente para ponerla en manos del Espíritu Santo. Al ego le encanta el ataque y que este esté dirigido a cualquier sitio; la cuestión es que tu mente ataque al pensamiento del otro.

Está el ego espiritual, el que cree que haciendo cosas especiales podrá iluminarse. Es un ego que emplea la máxima capacidad de comparación con los demás, para saber si avanza en el camino hacia la luz. Lucha contra el cuerpo, contra la comida, contra el sexo; lucha contra cualquier cosa que aparentemente pueda dar placer. Nos tiene atrapados en niveles; siempre nos hace pensar que no somos dignos, que no somos merecedores de la gracia de Dios, que tenemos que hacer algo especial para ganarnos el aprecio divino. Se trata de sufrir con la sonrisa en la cara, y el ritual es de vital importancia. A veces la forma de vestir es lo importante. Es un juicio continuo contra el mundo y todo lo que hay en él. No nos damos cuenta de que, al luchar contra el mundo, lo reforzamos, y al final sucumbimos o creemos fracasar, y la culpa aparece con toda su fuerza, pues la hemos mantenido sujeta en nuestra sombra, y nos destroza.

UCDM dice: «Prueba de ello es el hecho de que crees que debes escaparte del ego. Sin embargo, no puedes escaparte de él humillándolo, controlándolo o castigándolo».[5] Si realmente queremos curarnos de nuestros males, ya sean físicos o mentales, debemos recurrir al perdón. Pero antes debemos diferenciar entre el perdón dual y el no dual. El perdón dual es aquel que atribuye valor y realidad a la ofensa, por lo tanto, el ego considera que se le pide un sacrificio. Llegamos a pensar que perdonamos porque somos buenos. Luego también está el famoso trabajo sobre el perdón, que puede llevar años, porque seguimos proyectando la culpa al exterior y el perdón parece un sacrificio. La cuestión es que haya dificultad en el proceso. Recuerdo que visité a una paciente enferma de cáncer y le hablé del perdón a sus padres. Ella me contestó que llevaba veinticinco años de trabajo en el perdón. Solo le dije: «Para perdonar solamente necesitas un instante. El perdón que tú practicas

está basado en que la culpabilidad es real y alguien tiene que pagar
por ello. El perdón del cual te hablo es el perdón hacia ti misma
por haberte hecho este daño a través del otro. Este es el perdón no
dual».

Como nos dice *UCDM*:

> *Es imposible que el Hijo de Dios pueda ser controlado por
> sucesos externos a él.*[6]

> *Es imposible que él mismo no haya elegido las cosas que le
> suceden.*[7]

> *El ego no es más que la idea de que es posible que al Hijo
> de Dios le puedan suceder cosas en contra de su voluntad, y, por
> ende, en contra de la Voluntad de su Creador, la cual no puede
> estar separada de la suya.*[8]

El ego es la creencia de que para curar a un hermano hay que
hacer cosas, tales como la imposición de manos, la famosa «energía
sanadora», orar por los demás, controlar las energías, activarlas,
desactivarlas, etcétera. Todas estas prácticas, y muchas más ciertamente afectan a nuestro cuerpo y, por consiguiente, pueden traer
alivio al cuerpo o a la mente, pero estos cambios ocurren en el nivel
ego/cuerpo. No digo que uno no pueda hacerse un buen masaje,
particularmente a mí me gustan mucho y me relajan; ni que no
deban practicarse disciplinas como por ejemplo el yoga, que va
estupendamente bien para el cuerpo y la liberación de bloqueos
energéticos; ni, menos, que evites tomarte un calmante si te duele la
cabeza. Lo que digo y lo que el *Curso* nos recuerda muchas veces es
que la auténtica curación se debe hacer en la mente, en la cual reside
la culpa, que solo puede deshacerse mediante el perdón no dual.

UCDM trata de evitar que caigamos en la tentación de hacerle un
«templo» al libro y que lo adoremos y le recemos. *UCDM* es una
obra de autoaplicación, rehúye las rutinas y, sobre todo, las compa-

raciones. Decir que *UCDM* se parece a otras prácticas espirituales es intentar diluir sus enseñanzas. *UCDM* va más allá de nuestro tiempo actual; prepara los cimientos para una nueva generación de mentes más libres. No se trata de ir en contra de las otras espiritualidades, sino de poner *UCDM* en su sitio.

Al ego le encanta juzgar. Ya he dicho que el *Curso* nos enseña que cuando no juzgamos dejamos de percibir. Esto no significa que dejemos de ver las diferencias que hay en el mundo de la ilusión, pero no hacemos un juicio de valor.

Como Jesús le dijo una vez a Helen: «No adoptes el camino de otro como tuyo, pero tampoco debes juzgarlo».[9] El ego tiende otras trampas para engañar a las personas. Algunas de ellas, con toda la buena intención del mundo, interpretan que la mejor forma de seguir el *Curso* es negar el cuerpo. Para ello, renuncian a multitud de cosas, tales como el alcohol o ciertas comidas. Hay quien decide hacerse vegetariano, no tener sexo o no cobrar, porque el dinero no es espiritual. No se dan cuenta de que nada de lo que hay en el mundo físico de la ilusión es espiritual, porque en realidad no existe. Recuerdo que cuando era pequeño (unos cuatro o cinco años) mi madre no me dejaba merendar porque era Cuaresma y había que hacer ayuno. Yo tenía el chocolate en la mano y le pedía que me lo dejara comer. Sé que al final no me lo comí; recuerdo muy bien que el sacerdote del pueblo riñó a mi madre al día siguiente, cuando, me imagino, le consultó si estaba bien la decisión que había tomado.

Es verdad que hay comidas y aspectos conductuales que merecen cierta sobriedad, pero no caigamos en la tentación de negarnos a tomar un buen vino con unos amigos porque no es espiritual. Vivir la espiritualidad es estar desapegado del mundo; esto no quiere decir que no puedas utilizar las comodidades que este te ofrece.

UCDM nos trae paz y compresión cuando dice:

> *No te preguntes a ti mismo, por lo tanto, qué es lo que ne-*
> *cesitas, pues no lo sabes, y lo que te aconsejes a ti mismo te hará*

> *daño. Pues lo que crees necesitar servirá simplemente para forti-*
> *ficar tu mundo contra la luz y para hacer que no estés dispuesto*
> *a cuestionar el valor que este mundo tiene realmente para ti.*
> *Solo el espíritu Santo sabe lo que necesitas. Pues Él te proveerá*
> *de todas las cosas que no obstaculizan el camino hacia la luz...*
> *Mientras estés en el tiempo, Él te proveerá de todo cuanto ne-*
> *cesites, y lo renovará siempre que tengas necesidad de ello. No*
> *te privará de nada mientras lo necesites. Más Él sabe que todo*
> *cuanto necesitas es temporal, y que durará hasta que dejes a un*
> *lado todas tus necesidades y te des cuenta de que todas ellas han*
> *sido satisfechas. El Espíritu Santo no tiene, por lo tanto, ningún*
> *interés en ninguna de las cosas que te proporciona. Lo único*
> *que le interesa es asegurarse de que no te valgas de ellas para*
> *prolongar tu estadía en el tiempo. (...) Deja, por lo tanto, todas*
> *tus necesidades en Sus manos. Él las colmará sin darles ninguna*
> *importancia.*[10]

Como vemos en estos párrafos, podemos utilizar lo que nos ofrece este mundo y Él se encargará de nuestro desapego a las cosas o placeres que el mundo pueda darnos. Puedo poner un ejemplo personal: En estos últimos años, he atravesado unas treinta y cinco veces el Atlántico, siempre por trabajo. He estado en Cuba, México y Perú. Y dentro de unos meses tengo previsto ir al Ecuador y a Argentina. Una vez me dije que podría viajar en primera clase, porque estaba claro que no iba a hacer turismo ni de vacaciones. Una voz interior me dijo: «No te preocupes. Tú debes viajar en primera. Así, cuando llegues a tu destino estarás descansado y podrás hacer la obra que te he encomendado». Recuerdo que en uno de estos viajes quise viajar en clase turista para poder ir con mis compañeros de trabajo. Luego, por circunstancias totalmente ajenas a mí, el viaje se adelantó y, cuando pedí el pasaje, se me ofreció uno de primera clase, porque estaba muy bien de precio (creo que nunca he pagado menos que esa vez). Mi respuesta fue: «¡Por supuesto!», y luego le di las gracias al Espíritu Santo por cuidar de mi cuerpo, real en el mundo de la ilusión. Viajar en primera clase no me hace sentir especial, sino agradecido. Siempre me acuerdo del pasaje de *UCDM* que he citado más arriba.

No hay que desvincularse del mundo; simplemente no debemos prestarle atención para no reforzarlo mediante nuestra condenación y rechazo. Lo que ocurre en el mundo es una magnífica oportunidad de bendecirlo, de aplicar la visión correcta de las cosas, de perdonarlo mediante el perdón aplicado a nosotros mismos. El mundo no merece condenación, merece nuestras bendiciones, nuestra comprensión. No debemos reforzarlo creyendo que lo hemos de salvar. El mundo se salvará solo o no se salvará. Siempre digo que las noticias son una buena oportunidad de bendecir al mundo y de perdonarnos. Si no lo sabes hacer así, no veas las noticias. Pero mi consejo es que entregues tu visión al Espíritu Santo, para que te dé otra comprensión de las cosas que suceden en el mundo. Tampoco olvides que lo que ves afuera es la manifestación de tu estado mental.

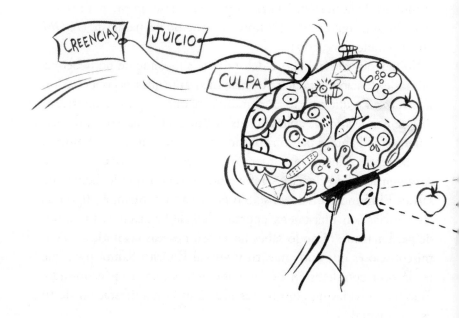

LA PERCEPCIÓN

La percepción es el resultado de tu estado mental. Así como piensas, así es como ves.

El *Curso* nos dice: «Tal como el hombre piense, así percibirá». «La percepción selecciona y configura el mundo que ves. Literalmente lo selecciona siguiendo las directrices de la mente".

Tu mente inconsciente selecciona lo que tienes que percibir, de esta manera se reprograma continuamente en el mundo que quiere vivir.

Entonces, llegas a decir: «¿ves como tengo razón?».

PROYECCIÓN FRENTE A EXTENSIÓN

Ya hemos visto a grandes rasgos cómo funcionan la dinámica y la percepción del ego también cómo el Espíritu Santo actúa y percibe las cosas. No debemos caer en la trivialidad de pensar que, si le entregamos todo al Espíritu Santo, este nos va a resolver todos los problemas, ya sean económicos, de relaciones, de salud o de cualquier otra índole. Tampoco debemos creer que baste con desear que el ego no actúe para que el Espíritu Santo lo desmonte.

Ciertamente *UCDM* afirma: «El Espíritu Santo jamás ha dejado de resolver por ti ningún problema que hayas puesto en Sus manos, ni jamás dejará de hacerlo. Cada vez que has tratado de resolver algo por tu cuenta, has fracasado».[1] Pero esto no significa que podamos entregarle cualquier problema sin más. Lo importante es entregarle nuestra creencia en que el problema existe y que la mente hace real. Si estamos en el paro, no debemos pedirle trabajo, sino que deshaga la creencia de que es posible vivir esta situación de carencia y necesidad. Que expíe la culpa inconsciente que hay detrás de esa necesidad. Y mi consejo es preguntarle: «Espíritu Santo, ¿qué quieres que haga?».

UCDM declara: «Yo te dirigiré allí donde puedas ser verdaderamente servicial, y a quien pueda seguir mi dirección a través de ti».[2]

Y también nos dice: «Te encuentras en una situación imposible únicamente porque crees que es posible estar en una situación así».[3] Algo que hemos de tener muy presente es cómo funciona nuestra percepción del mundo. La mayoría de las personas creen que lo que ven es tal cual lo ven, y no son conscientes de que el mundo que perciben siempre está interpretado por nuestro inconsciente, en el cual se hallan todos los programas que hemos recibido de nuestros padres, de los demás antepasados, de nuestra sociedad en particular y del mundo en general.

Es más: no somos conscientes de que todos regimos nuestras vidas por un sistema de creencias y chocamos contra todos aquellos que no hacen o no creen lo mismo que nosotros. Esto provoca una postura de defensa: defender nuestros valores y creencias es fundamental para proteger al ego.

Rechazamos a todo aquel que no piense como nosotros. En el mejor de los casos, desconfiamos. El choque de culturas es uno de los fenómenos más actuales. El mundo se ha empequeñecido; todo se sabe al momento; podemos viajar a cualquier país en cuestión de horas; la comunicación gracias a internet es prácticamente instantánea. Pero, a pesar de ello, la desconfianza crece, porque se hacen más evidentes las diferencias entre culturas, incluso si son similares y con el mismo idioma.

Hoy en día es fundamental que ejercitemos nuestra plasticidad neuronal para adaptarnos a estos cambios, que son tan rápidos. Si no lo logramos, nuestras relaciones se resienten; tenemos que llegar a acuerdos para poder seguir nuestro camino.

Creo que este tiempo nos ofrece una magnífica oportunidad para canalizar nuestra percepción, basada en nuestras creencias, hacia la comprensión de que el mundo es mundo porque hay infinitas maneras de vivir en él.

Una de las más elevadas percepciones que puede tener el ego es la aceptación de la verdad del otro, pero él sigue pensando que su manera de ver y hacer las cosas es la mejor.

Hemos de ser conscientes de que el ego siempre se está proyectando en los demás, porque de esta manera preserva su individualidad, tan sagrada para él. Para el ego es fundamental tener razón. En el mejor de los casos, puede aceptar que los demás tengan su razón, pero la suya siempre es la mejor. Lo importante es mantener la desconfianza en el otro, estar atentos para que no nos engañen, tener un «as» en la manga, ser precavido. En esta forma de pensar consiste la dinámica del ego: mostrar una cara amable al otro, pero la cara de la desconfianza, de la traición, permanece en la oscuridad. Si podemos pensar así, es porque en el fondo sabemos que también nosotros somos capaces de traicionar si nos lo aconsejan las circunstancias. Entonces rompemos nuestra palabra y lo justificamos con mil razonamientos. Como dice el refranero popular: «Piensa el ladrón que todos son de su misma condición».

Si proyectamos desconfianza es simplemente porque somos desconfiados, si recibimos desconfianza es por la misma razón.

Veamos como trata todo esto *UCDM*:

*Repudias lo que proyectas, por lo tanto, no crees que forma parte de ti. Te excluyes a ti mismo al juzgar que eres diferente de aquel sobre el que proyectas.*⁴

La proyección, sin embargo, siempre te hará daño. La proyección refuerza tu creencia de que tu propia mente está dividida, creencia esta cuyo único propósito es mantener vigente la separación. La proyección no es más que un mecanismo del ego para hacerte sentir diferente de tus hermanos y separado de ellos.[5]

*La proyección y el ataque están inevitablemente relaciona-
dos, ya que la proyección es siempre un medio para justificar el
ataque. Sin proyección no puede haber ira.[6]*

¿Cuál es la alternativa a esta forma de pensar del ego?

Como vemos, el ego es la creencia de que todo está separado
y que apenas nada de lo que hacemos influye en los demás. En
una aparente incongruencia, llegamos a pensar que nuestros actos
afectan a los demás, pero solamente a una parte, aquella parte de la
sociedad con la que tenemos una relación especial. El ego ni siquiera se plantea que podamos influir en quienes no nos importan.
Solamente se preocupa de establecer vínculos con personas que nos
interesan.

Hoy sabemos que esto no es así, que todo está interrelacionado.
En la naturaleza, lo que le ocurre a un eslabón, por ejemplo, de
la cadena alimenticia afecta a todo el conjunto. Esto es evidente
incluso desde la percepción newtoniana del mundo. Lo que ocurre
en cualquier rincón del planeta al final acaba influyendo en el
resto. Solo una mente demente puede pensar que lo que hacemos
no afecta a los demás.

Pero, si nos adentramos en la física cuántica, todo se hace más
evidente y más claro. La física cuántica nos enseña que el observador influye en lo que observa, que el universo es holográfico, es
decir, que la parte está en el todo y el todo en la parte. También
que el universo es fractal, lo cual, dicho de una manera más llana,
significa que todos estamos hechos de pequeñas partes iguales que,
al juntarse, conforman una parte que es igual a las más pequeñas,
pero de mayor tamaño.

En mi quehacer profesional, uno de los aspectos que desarrollo es
el trabajo con el árbol genealógico, que nos permite comprobar que
la información de nuestros padres y ascendientes se refleja en nues-

tras vidas, y que vivimos con patrones de conducta heredados. Nos damos cuenta de que las vivencias emocionales de nuestras madres afectan al futuro de nuestros hijos. Empezamos a ser conscientes de que funcionamos con un programa que se proyecta en el mundo, y creemos que somos el programa. En la película *Matrix* queda muy bien explicado todo esto, aunque esté aderezado con un melodrama propio de cualquier filme.

Todos estos conocimientos me llevan a tomar consciencia de que lo que me ocurre quizás tenga algo que ver conmigo, que quizás no sea verdad que yo no tengo nada que ver con los acontecimientos diarios de mi vida. Esta es una magnífica reflexión para empezar a responsabilizarme de mi vida, para pasar de un estado de adolescencia psicológica a otro de madurez.

UCDM nos arroja luz sobre todo esto con su metafísica:

> *El Espíritu Santo extiende y el ego proyecta. Del mismo modo en que los objetivos de ambos son opuestos, así también lo son sus resultados.*[7]

> *El Espíritu Santo comienza percibiendo tu perfección. Como sabe que esta perfección es algo que todos comparten, la reconoce en otros, y así la refuerza tanto en ti como en ellos.*[8]

> *Los pensamientos se originan en la mente del pensador, y desde ahí se extienden hacia afuera. Esto es tan cierto del Pensamiento de Dios como del tuyo. Puesto que tu mente está dividida, puedes percibir y también pensar. No obstante, la percepción no puede eludir las leyes básicas de la mente. Percibes desde tu mente y proyectas tus percepciones al exterior. Aunque la percepción es irreal, el Espíritu Santo puede usarla provechosamente por el hecho de que tú la concebiste. Él puede inspirar cualquier percepción y canalizarla hacia Dios.*[9]

Y esto queda resumido de la siguiente manera:

> *La diferencia entre la proyección del ego y la extensión del Espíritu Santo es muy simple. El ego proyecta para excluir, y, por lo tanto, para engañar. El Espíritu Santo extiende al reconocerse a Sí Mismo en cada mente y de esta manera las percibe a todas como una sola.*[10]

UCDM hace unas reflexiones muy interesantes relacionadas con la proyección y la extensión. Reinterpreta nuestra idea de que estamos separados y de que somos víctimas de las circunstancias, y nos invita a ver y a comprender que los acontecimientos aparentemente externos a nuestras vidas, en realidad, han sido atraídos por nosotros, inconscientemente, mediante el mecanismo de la proyección. Proyectamos porque creemos que de esta manera nos liberamos de aquello que percibimos, y declaramos que no tiene nada que ver con nosotros. No nos damos cuenta de que aquello que damos, o proyectamos, es lo que recibimos. Esta es una ley universal; recibes aquello que das o, en términos de la sabiduría popular: «Uno siempre recoge lo que siembra», y lo que sembramos son nuestros pensamientos y nuestros juicios.

> *Es probable que hayas estado reaccionando durante muchos años como si te estuviesen crucificando. Esta es una marcada tendencia de los que creen estar separados, que siempre se niegan a examinar lo que se han hecho a sí mismos.*[11]

Por eso en el *Curso* encontramos las leyes del Espíritu Santo, leyes que es muy conveniente recordar para poder hallar el estado de paz necesario para nuestra curación. Veámoslas:

1. Para poder tener, da todo a todos. Obviamente, no se te pide que des tu Ferrari, ni tu casa ni tu dinero a los demás. Eso no tiene ningún sentido. Esta ley hay que entenderla desde un plano metafórico y metafísico. Porque lo que te pide el Espíritu Santo es que des lo único que es real en ti, y te recuerda que tu Ferrari y tus posesiones no lo son, es más: ni siquiera lo es tu cuerpo.

> *«... solamente es real porque es lo único que se puede compartir. El cuerpo es algo separado, y, por lo tanto, no puede ser parte de ti».*[12]

> *«Ser de una sola mente tiene sentido, pero ser de un solo cuerpo no tiene ningún sentido».*[13]

> *«El Espíritu Santo ve el cuerpo solamente como un medio de comunicación, y puesto que comunicar es compartir, comunicar se vuelve un acto de comunión».*[14]

2. Para tener paz, enseña paz para así aprender lo que es. Si nos sentimos separados es lógico que tengamos miedo, y, si vivimos con miedo, es debido a que creemos que podemos ser atacados, que podemos ser abandonados. Esto es lo que el ego pretende que creamos constantemente.

El *Curso* nos inspira un cambio de mentalidad. Para conseguirlo, debemos ser conscientes del conflicto presente en nuestra mente entre la forma de pensar del ego y la propuesta del Espíritu Santo de cambiar nuestra manera de pensar.

Para estar en paz, es imprescindible que nuestra mente no esté en conflicto y, para ello, debemos reaccionar sin olvidar que aquello que vemos no es importante y que no es la verdad. Debemos tener plena conciencia de que lo que vemos lo hemos atraído nosotros a nuestra experiencia. Esto nos evitará entrar en conflicto. Es verdad que nos producirá cierto desasosiego, pero también es verdad que ese es el momento de entregarle la percepción al Espíritu Santo.

Cuando hacemos esto, estamos eligiendo al maestro que queremos seguir. Nuestra mente no está libre de las directrices del ego, pero hemos decidido y, por lo tanto, recibiremos la respuesta. «Al dar este paso y seguir en esa dirección, estarás avanzando hacia el centro de tu sistema de pensamiento, donde tendrá lugar el cambio fundamental».[15]

3. Mantente alerta solo en favor de Dios y de Su Reino. Para poder hacer esto es necesario no juzgar; así permites al Espíritu Santo que te inspire Su percepción y lo ayudas a que la Filiación, como Una, se mantenga alerta al estado de separación en la mente.

Hay que mantener la mente en constante alerta y evitar el conflicto. «No se ocupa de la cuestión de los grados de dificultad, sino del hecho de que tu primera prioridad debe ser mantenerte alerta. (...) Aquí, pues, es donde se te pide que, a pesar del caos, seas consistente».[16] Cuando tu mente no enjuicia, es decir, cuando está bajo la protección del Espíritu Santo, se encuentra protegida gracias a la elección que hiciste. Decidiste estar en paz, para ello no haces juicios, y cuando los haces se los entregas al Espíritu Santo para que los deshaga. Al principio, esto requerirá un esfuerzo por tu parte, pero, finalmente, este esfuerzo no será necesario, cuando aprendas a tener perfecta seguridad en Dios. «El tercer paso, por lo tanto, es una afirmación de lo que quieres creer, y requiere que estés dispuesto a abandonar todo lo demás». «La vigilancia requiere esfuerzo, pero solo hasta que aprendas que el esfuerzo en sí es innecesario». «Descansa en la perfecta seguridad de Dios».[17] Este sí que es un trabajo de Amor, un trabajo basado en mantenerse alerta a los pensamientos que pululan por la mente. Muchas personas piensan que si no meditas, no eres espiritual. A veces, me preguntan si hago meditación, les digo que no practico la meditación sobre la cual me preguntan. Se quedan sorprendidos; les parece imposible que pueda, sin meditar, transmitir el mensaje que llevo. Luego, les aclaro que yo hago la meditación que propone *UCDM*, que es precisamente esta: mantenerme alerta solo en favor de Dios y de Su Reino o, dicho de otra manera, procuro mantenerme alerta para no juzgar y ver a Dios en todo lo que me rodea. Cuando «patino», y os aseguro que al principio uno «patina» mucho, entonces aplico el perdón a través de la Expiación.

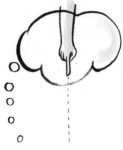

LA ENFERMEDAD

La enfermedad es la expresión física o mental de un desequilibrio entre lo que pienso, lo que siento y lo que hago. Es la expresión y vivencia de mi incoherencia emocional.

Estar enfermo implica un secreto batallar entre una serie de creencias que anidan en mi mente. La creencia subyacente es que la que triunfe será la verdad. La enfermedad es no escuchar los dictados de mi corazón, es la creencia en que yo debo resolver mis problemas, la creencia en mi soledad, en mi desconexión con todos, es la creencia en que soy un cuerpo y que este fabrica mi mente, es la creencia en que mis pensamientos no crean nada y que, al abandonar su fuente, que es mi mente, desaparecen. La enfermedad es creer que mi percepción es verdad, que las cosas son como las veo, no como las interpreto. La enfermedad es la creencia en el sufrimiento y en el sacrificio, valores que resaltan mi desconexión con la divinidad y que son el resultado de la creencia en el pecado y la culpa. Detrás de toda enfermedad, hay una gran culpabilidad, y la mayoría de las veces esta es totalmente inconsciente.

Sentirse enfermo es sentirse solo, es sentirse abandonado, es un miedo a la profunda carencia, es la creencia de que es posible no tener nada, vivir la vida exterior y no vivir la interior, es querer cambiar las cosas para que sean como a uno le gustaría. La enfermedad tiene sus ídolos. Uno de ellos, quizás el más importante, es el miedo a Dios. Un miedo basado en el fuerte sentimiento de separación con respecto a Él. Miedo a su juicio, a su condena, miedo a no ser lo suficientemente buenos, miedo de no agradarle.

La pérdida y la escasez son algunas de las creencias que alimentan la enfermedad. Nacen del miedo profundo a estar aislados del Todo y de todos. Es la creencia en la flaqueza, en la debilidad, en el poder del más fuerte, o sea, del ataque.

UCDM dice:

> *Nadie que tenga un enemigo es fuerte, y nadie puede atacar a menos que crea tener un enemigo. Creer en enemigos es, por lo tanto, creer en la debilidad, y lo que es débil no es la Voluntad de Dios.*[1]

LAS RELACIONES COMO FUENTES DE DOLOR

Entre los principales fenómenos que alimentan la enfermedad, ocupan un lugar destacado las relaciones humanas. Toda relación nace de la creencia de que el otro puede darte aquello que tú consideras que te falta. Crees que ahí fuera hay alguien especial que te puede hacer feliz. Proyectas en el otro tu necesidad y llegas a decir cosas como: «Desde que te conocí, soy un hombre/una mujer tremendamente feliz». Esto al principio puede enorgullecer al otro, pero al final se convierte en una espada de doble filo, y uno de estos filos lo atrapa en la creencia de que no puede terminar esta relación, porque no quiere hacerte daño. En el otro filo, busca sustitutos a la relación, pero ello lo lleva a la culpa. Otra opción consiste en adaptarse y sufrir en silencio la soledad y el miedo a ser abandonado. Estas relaciones, nacidas de la culpa y del miedo a la soledad, ocultan profundas creencias de nuestros padres y demás antepasados. En la Biblia está escrito que «los pecados de nuestros padres se heredarán hasta la tercera y la cuarta generación». Nos podríamos preguntar por qué esto es así y qué culpa tenemos de los pecados de nuestros padres. Este pensamiento es la expresión de la creencia en que todo está separado, es la creencia que alimenta el ego y que muchas veces se expresa como: «¿Qué he hecho yo para merecer esto?». Aquí reside el victimismo, el miedo a un Dios castigador, la idea de que estoy fuera del Cielo y que para volver a entrar tengo que ser «bueno», lo cual implica que soy «malo».

El Espíritu Santo te enseña que heredas «los pecados» de tus padres para liberarlos, con tu comprensión primero y con tu perdón después. Así redimes a la Filiación, de alguna manera cortas el sueño de separación y «sabes» que tu alma está limpiando lo que las almas de tus ancestros han creído que eran sus pecados. Muchas veces almas elevadas, más despiertas, redimen nuestros pecados con sus manifestaciones físicas de enfermedades, y con su inocencia nos enseñan el amor incondicional.

UCDM reinterpreta la frase bíblica «Castigaré los pecados de los padres hasta la tercera y la cuarta generación» de la siguiente forma:

«Para el Espíritu Santo, la frase significa que en las generaciones posteriores Él todavía podrá reinterpretar lo que habían entendido mal las generaciones previas, anulando así la capacidad de dichos pensamientos para suscitar miedo».[2]

Desde esta perspectiva, tus relaciones se convierten en una oportunidad para sanarte y para sanar, porque comprendes que en verdad tú no te relacionas con nadie, sino que te relaciones contigo mismo a través de los demás. Por eso serás tratado como trates a los demás. «El ego entabla relaciones con el único fin de obtener algo. Y mantiene al dador aferrado a él mediante la culpabilidad». «Pues el ego cree realmente que puede obtener algo y conservarlo *haciendo que otros se sientan culpables*».[3]

Y siguen las reflexiones del *Curso*:

> *El sufrimiento y el sacrificio son los regalos con los que el ego «bendice toda unión. (...) El «sacrificio», que él considera una purificación, es de hecho la raíz de su amargo resentimiento.*[4]

> *El sacrificio es un elemento tan esencial en tu sistema de pensamiento, que la idea de salvación sin tener que hacer algún sa-*

crificio no significa nada para ti. Tu confusión entre lo que es el
sacrificio y lo que es el amor es tan aguda que te resulta imposible
concebir el amor sin sacrificio. Y de lo que debes darte cuenta es
de lo siguiente: el sacrificio no es amor, sino ataque.[5]

Por eso, deberíamos comprender que las relaciones, sean del cariz
que sean, son la manifestación de nuestros programas inconscientes. Está escrito que todos aquellos que deban encontrarse se encontrarán. En muchas de nuestras relaciones buscamos en los demás
el amor del padre o de la madre ausentes, a veces el amor perdido
de alguno de nuestros abuelos. Es posible que no tengamos hijos
porque algún ancestro los tenía fuera de la norma, o que seamos
presidentes de una liga antialcohólica si un ascendiente nuestro,
en relación directa con nosotros, era alcohólico. Hasta nuestras
profesiones están reguladas por estos programas inconscientes, por
este «inconsciente familiar». En mi caso particular, mi vocación de
hablar de Dios, pero de un Dios de amor, ha nacido para reparar en
mi familia la creencia en un Dios castigador. Mis padres, seguido-
res del fundamentalismo católico, me educaron con un profundo
temor a Dios. Un Dios vigilante, del cual parecía que tenía que
esconderme, pero siempre se me repetía que Dios lo ve absolutamente todo y castiga las malas acciones y los malos pensamientos.
Recuerdo que, cuando tenía que confesarme, y debía hacerlo con
frecuencia, muchas veces me inventaba los pecados, porque un día
el sacerdote me dijo: «Es imposible que no hayas pecado, ¿no sabes
que Dios lo sabe y lo ve todo?».

Nací con una tremenda culpa, viví en la culpa y el miedo a Dios.
Pero algo en mi interior se reveló y, un día, me fui a la iglesia de mi
pueblo y, haciendo gala de mi honestidad, le dije al Dios que me
decían que estaba allí: «Mira, Dios, te vengo a decir que no creo
más en ti. Estoy cansado de tenerte miedo, estoy cansado de vivir
con una culpa permanente. Si vas a castigarme por esto, pues cas-
tígame y santas pascuas. Pero quiero que sepas que no te aguanto

más y no creo que tú seas bueno. Tiene que haber otro Dios más amoroso», y me fui.

Hoy comprendo todo esto, lo veo a la luz del Espíritu Santo y sé que con mi plática sobre un Dios de amor estoy liberando «cargas» y «culpas» de mis predecesores.

Esta fuerza interior hizo que un día le pidiese al universo hacer un curso, pero no un curso cualquiera, sino un Curso, con mayúscula. Y a los pocos meses me regalaban *Un curso de milagros*. De esto ya hace veinte años.

A este tipo de relaciones, *Un curso de milagros* las llama «especiales». Las llama así por razones obvias, pues se trata de la creencia de que una unión especial aquí en la Tierra te hace encontrar el Cielo. Sin embargo, se trata del arma principal del ego para impedir que llegues al Cielo. Creer en un amor especial alimenta la separación. Este amor se convierte en odio, y la relación es de amor/odio. Y creemos que esto es lo normal. Tenemos reacciones de ira combinadas con otras de amor, y pensamos que es natural. Es natural para el ego, pero no para el Espíritu Santo. Por eso Él te pide que le entregues esta relación especial, para darle un toque de santidad y que no sea una fuente de dolor.

«El dolor no es un proceso físico. Es un proceso mental».[6]

¡Qué paz sientes cuando lees en *UCDM* lo siguiente!:

> *Santo hermano mío, quiero formar parte de todas tus relaciones, e interponerme entre tus fantasías y tú. Permite que mi relación contigo sea algo real para ti, y déjame infundirle realidad a la percepción que tienes de tus hermanos. No fueron creados para que pudieses hacerte daño a través de ellos. Fueron creados para crear junto contigo. Esta es la verdad que quiero interponer entre tu objetivo de locura y tú. No te separes de mí ni dejes que el santo propósito de la Expiación se pierda de vista en sueños de venganza. Las relaciones en las que tales sueños se tienen en gran estima me excluyen a mí. En el Nombre de Dios,*

*déjame entrar a formar parte de ellas y brindarte paz para que
tú a tu vez puedas ofrecerme paz a mí.*[7]

¿Cuál es la causa de las relaciones que *UCDM* llama especiales?
La respuesta es: la empatía.

Esta es una cualidad muy humana que nos permite ponernos en
el sitio de otro. Esta cualidad, que nos hace humanos, si no la con-
trolamos, si nos dejamos llevar por ella, nos lleva al sufrimiento.
Sufrimos como si lo que vemos en el otro nos pasara a nosotros
mismos. Sabemos que nuestro inconsciente no puede distinguir lo
real de lo virtual. Es más: si tememos que nos ocurra algo, nuestro
cuerpo muestra los síntomas de ese estado emocional. Esto demuestra claramente que no es el cuerpo el que se pone enfermo, sino que
este solamente refleja un estado emocional alterado.

Percibimos que al otro le sucede algo, y esto nos hace sufrir. No
sufrimos igual ante lo que percibimos que les sucede a otros; hay
partes de nuestra percepción que nos afectan más que otras. Desde
el punto de vista del ego, esto es muy natural y normal. Él solamente ve la separación y utiliza la empatía «para establecer relaciones
especiales en las que el sufrimiento se comparte».[8] Alguien dirá:
«Hombre, es muy normal sufrir por alguien que quieres». La respuesta también es obvia: «Claro».

No se trata de no identificarse con lo que le sucede a una persona
muy allegada a ti. Se trata de no utilizar el sufrimiento. De ocuparte, de hacer lo que haga falta para que esta persona se sienta aliviada,
pero, sobre todo, se trata de no sufrir. El sufrimiento es una fuerza
emocional capaz de alterar toda nuestra fisiología, nos hace enfermar. ¿De qué nos sirve enfermar cuando ya hay alguien que está
enfermo? Lo único que consigues es aumentar el dolor y el sufrimiento. En mi trabajo, relacionado con el estudio de las emociones,
llevo a mis pacientes a buscar las emociones en sus inconscientes
mediante técnicas de hipnosis o relajación. Una de las cosas que
siempre les digo es: «El dolor físico es equivalente al dolor emocio-

nal». Debemos cuidar nuestras emociones y experimentarlas, como es normal, pero procurar evitar que estas hagan mella en nuestra mente, porque esto la desestabiliza y nuestro cuerpo se resiente. En la mente dividida, el ego reina y se identifica solamente con una parte. Por eso el Espíritu Santo reinterpreta lo que vemos y utiliza la empatía a Su manera, siempre que nosotros le dejemos hacerlo. «Él no comprende el sufrimiento, y Su deseo es que enseñes que no es comprensible».[9]

Veamos el enfoque que *UCDM* le da a la empatía:

> *Sentir empatía no significa que debas unirte al sufrimiento, pues el sufrimiento es precisamente lo que debes* negarte *a comprender. Unirse al sufrimiento del otro es la interpretación que el ego hace de la empatía, de la cual siempre se vale para entablar relaciones especiales en las que el sufrimiento se comparte.*[10]

> *La prueba más clara de que la empatía, tal como el ego la usa, es destructiva reside en el hecho de que solo se aplica a un determinado tipo de problemas y a ciertos individuos.*[11]

Como decía antes, el ego utiliza la empatía para identificarse con lo que él cree. Necesita sentirse seguro de su percepción y reforzar su realidad: la de estar separado, la del dolor, la del sufrimiento, en definitiva, la de la separación. Él no sabe que su percepción está creando su realidad y que lo hace a través del campo cuántico. No sabe que lo que cree es lo que se manifiesta y, al ver la manifestación, cree tener razón. El ego es una creación de la mente y la mente se identifica con él creyendo que es algo aparte. La mente inconsciente dividida se proyecta en el mundo creyendo que lo que ve está separado de ella.

> *El ego siempre utiliza la empatía para debilitar, y debilitar es atacar.*[12] *(...) Es imposible que sepas cómo responder a lo que no comprendes. No caigas en esta tentación ni sucumbas al uso*

triunfante que el ego hace de la empatía para su propia vana-
gloria.[13]

La empatía utilizada por el ego fragmenta y por lo tanto debilita.
Por el contrario, la que utiliza el Espíritu Santo une y se vale de tu
capacidad para ser fuerte.

LA CREENCIA EN EL TIEMPO

Otra de las causas de la enfermedad es la creencia en el tiempo.
Sabes que el tiempo es relativo, pero saberlo no sirve de nada si te
sientes atrapado en él. El tiempo puede ser apremiante; sientes que
se encoge y no te das cuenta de que el miedo está detrás de esta
forma de percibirlo.

UCDM nos enseña:

> *Tanto el tiempo como la eternidad se encuentran en tu men-*
> *te, y estarán en conflicto hasta que percibas el tiempo exclusiva-*
> *mente como un medio para recuperar la eternidad. No podrás*
> *hacer esto mientras sigas creyendo que la causa de todo lo que te*
> *ocurre está en factores externos a ti. Tienes que aprender que el*
> *tiempo solo existe para que hagas uso de él, y que nada del mun-*
> *do puede eximirte de esta responsabilidad.*[14]

Lo que debemos hacer es entregar el tiempo al Espíritu Santo para
que Él lo use como necesitamos. Creemos en el tiempo y lo vivimos
psicológicamente. A veces pasa una hora y la vivimos como si se
tratara de unos minutos, y otras veces unos pocos minutos se nos
hacen eternos. Todo está en nuestra mente es, por ello que entregárselo al Espíritu Santo es una de las mejores cosas que podemos
hacer.

Además, experimentamos el tiempo como dividido en pasado,
presente y futuro, aunque sepamos que esto no es cierto, gracias
a Einstein y a la física cuántica. Es más: no existen el espacio y
el tiempo, sino el espacio-tiempo y, además, este se puede curvar.

Sabemos que el tiempo es *holográfico*, lo que nos indica que pasado, presente y futuro ocurren simultáneamente y, según el *Curso*, en realidad, el tiempo ya se ha acabado. Más adelante desarrollaré este término y esta tesis.

Vivir el tiempo psicológico, que es vivir el tiempo como separado, nos hace enfermar, pues vivir en el pasado nos puede conducir a la depresión y vivir en el futuro, a la ansiedad. No sabemos vivir en el presente. Nuestra mente dual siempre está ocupada en resolver problemas por pequeños que sean, preocupada por el mañana, con la creencia de que esta preocupación nos puede ayudar a solucionar futuros problemas, sin ser conscientes de que esta misma fuerza mental nos hace vivir los problemas que queremos evitar. Pensar en el pasado es estar muerto y además nos lleva a repetir los mismos errores que queremos evitar. Dices cosas como: «No seré como mi padre», y luego te das cuenta o te hacen darte cuenta de que haces lo mismo que él, aunque lo hagas de otra manera, con otra polaridad, sobre otras cosas, y por eso no lo reconoces. No ves que tu atención a lo que vives ahora determina las futuras experiencias, sobre todo si tu atención está llena de juicios y condenas hacia lo que estás viendo. Atención a tu vara de medir, atención a lo que mides, no te quejes más tarde por la manera en que eres medido y juzgado.

Vivir el presente es prestar atención a él y no hacer juicio alguno. Podemos estar en desacuerdo con las ideas que percibimos, rechazarlas o no prestarles atención; lo que debemos evitar es hacer juicios de valor sobre la persona que expresa las ideas y sobre todas las cosas que nos ocurren.

¿Por qué crees que existe el tiempo?

Ya conoces la respuesta: por la creencia en la separación.

Entonces, ¿si vivo en el presente, y solamente en el presente, el tiempo desaparece?

No desaparece. Simplemente lo percibes de otra manera, tu mente entra en otro espacio-tiempo y tienes la sensación de tener más tiempo. Ello te permite darte cuenta de que el tiempo es mental. Entonces dices: «El tiempo me cunde mucho». «Parece que tienes tiempo para todo», me dicen mis amigos y personas queridas. «¡No corras tanto!», exclaman algunos.

Cuando mi hijo me comentaba que no había tenido tiempo para estudiar y que por ello no se presentaría a un examen, le decía: «Ponte a estudiar como si tuvieras todo el tiempo del mundo, sin preocuparte para nada de los resultados. Ya sabes que ahora estas suspendido, estudia sabiendo esto y cambiarás tu realidad». Siempre ha aprobado los exámenes después de esta recomendación.

Cuando tu mente se aquieta, cuando tu mente simplemente observa, entonces ella puede saber qué es lo mejor en cualquier situación.

> *El Espíritu Santo tiene que percibir el tiempo y re-interpretarlo como eterno. Tiene que llevar a cabo Su labor mediante el uso de opuestos porque tiene que operar para una mente y con una mente que está en oposición.*[15]

LA CREENCIA EN EL ATAQUE

Otra causa de la enfermedad es la creencia en el ataque, la creencia de que puedes herir y ser herido. Para atacar debes creer que estás separado del que atacas, y lo mismo ocurre cuando percibes ataque.

Para el Espíritu Santo el ataque no es posible, en ninguna dirección. Porque el ataque, de ser posible, es siempre contra uno mismo. Por eso nos enseña a poner la otra mejilla.

> *La paz es el mayor enemigo del ego porque, de acuerdo con su interpretación de la realidad, la guerra es la garantía de su propia supervivencia. El ego se hace más fuerte en la lucha.*[16]

Un ataque muy frecuente y que muchas veces es inconsciente es el ataque a uno mismo. Como ya he explicado, el ego siempre se ocupa de llevarnos a extremos mediante la comparación. Esto implica una lucha interior permanente y un estado de insatisfacción que nos hace perder la paz y nos mantiene en una lucha agotadora para conseguir aquello que creemos que nos falta.

«Cuando no te consideras valioso enfermas».[17]

Para lidiar con la experiencia de ataque sin caer en la trampa del ego, lo más importante es saber que todo ataque que percibas de tu hermano contra ti, en realidad es un ataque que tú mismo diriges contra ti a través de tu hermano. Esta inversión de pensamiento tan radical, tan opuesta a lo que el mundo piensa, deshace al ego. Ello se debe a que el ego siempre tiene que proyectar su propia culpa en los demás. Pretende potenciar el victimismo, eludir la responsabilidad que uno tiene con relación a lo que continuamente piensa.

Debes tomar conciencia de que el insulto que recibes es tu propio insulto; de que la violencia que recibes es tu propia violencia hacia ti mismo, revestida de falta de respeto; de que, cuando te roban, has de plantearte cómo te estás robando y qué es lo que te robas. Y lo mismo se aplica a cualquier situación en la que te encuentres, ya sea de alegría o de dolor. Debes saber que eres tú y solamente tú el autor del acontecimiento, y que nunca fue tan verdad la famosa frase: «Dios los crea y ellos se juntan». El problema no es que me maten, el problema es que tiene que haber alguien que lo haga. En el mundo de la dualidad, el pensamiento es dual; siempre habrá luces y sombras en este mundo ilusorio. El pensamiento en manos del ego divide la mente entre lo bueno y lo malo, y en el momento que la mente dividida decide juzgar algo, refuerza lo opuesto. La virtud siempre está acompañada del pecado, mi creencia en lo que es bueno refuerza lo que yo creo que es malo. Si estoy pensando que el dinero es malo, este se dirigirá hacia aquello que considero malo. El doctor Jekyll y míster Hyde simbolizan la división de la mente. Cuanto más deseo proyectar una imagen y ocultar otra, más refuerzo la que quiero conservar en la sombra. La mente dividida necesita el ataque para sobrevivir, y no se percata de que, cuanto más ataca, más refuerza aquello contra lo cual lucha.

En 1959, Jung dijo: «Es inminente un gran cambio en nuestra actitud psicológica. El único peligro que existe reside en el ser humano mismo. Nosotros somos el único peligro, pero lamentablemente somos inconscientes de ello. En nosotros radica el origen de toda posible maldad».[18]

> *No te puedes enfadar a no ser que creas que has sido atacado, que está justificado contraatacar y que no eres responsable de ello en absoluto. (...) Tú no puedes ser atacado, el ataque no tiene justificación y tú eres responsable de lo que crees.*[19]

> *Es probable que hayas estado reaccionando durante muchos años como si te estuviesen crucificando. Esta es una marcada tendencia de los que creen estar separados, que siempre se niegan a examinar lo que se han hecho a sí mismos.*[20]

Y *UCDM* sigue enseñándonos cómo interpretar cualquier ataque:

> *Nadie te está persiguiendo, del mismo modo que nadie me persiguió a mí. (...) Mi función consistió en mostrar que esto es verdad en un caso extremo, simplemente para que pudiese servir como un instrumento de enseñanza ejemplar para aquellos que, en situaciones no tan extremas, sienten la tentación de abandonarse a la ira y al ataque.*[21]

Como podemos ver en estas frases del *Curso*, Jesús nos enseña que su misión en la Tierra era no percibir ataque de nadie. Su mensaje es majestuoso y ejemplar. Con la crucifixión nos enseña a liberarnos de la creencia en el ataque. No fue crucificado porque nosotros fuéramos malos y pecadores. Él nos señaló que el pecado solamente está en la mente dividida y en la percepción de que el ataque es posible. El *Curso* nos dice que un cuerpo puede agredir a otro e incluso destruirlo. Pero esto solo es posible porque no es real. La creencia en el ataque solo se manifiesta en el mundo de la ilusión y únicamente puedes experimentar dolor en él. Si renuncias a tu ataque y al de tu hermano, ambos os liberáis.

> *Si escuchases Su Voz* sabrías que tú no puedes ni herir ni ser herido, y que son muchos los que necesitan tu bendición para poder oír esto por sí mismos.*[22]

> *La seguridad no es otra cosa que la completa renuncia al ataque.*[23]

LA NEGACIÓN DE LA ALEGRÍA

Vivimos como si la causa de todo lo que nos sucede no tuviese nada que ver con nosotros. Tenemos una mente newtoniana, una mente que ve cuerpos separados y que cree que la mente se halla encerrada en cada cuerpo, de manera que solo puede relacionarse con las otras mentes a través del lenguaje. Creemos que nuestros pensamientos y juicios no van a ninguna parte.

Estas creencias nos conducen a pensar que los demás son los causantes de nuestras preocupaciones y problemas. Creemos en la buena y en la mala suerte; en el mejor de los casos todo es «cosa del destino». Ni por un instante se nos ocurre que las circunstancias de nuestras vidas puedan tener otra razón de ser, otra razón de existir.

La creencia en que vivimos, separados de todo y de todos, nos impulsa a protegernos de cualquier cosa que consideremos «mala». Hay que protegerse de todo lo exterior, desde un virus hasta una persona, pasando por cualquier nueva relación.

Esto altera nuestro sistema nervioso. Vivimos con un estrés constante, estamos en un estado de alerta permanente, a la espera de que algo «malo» suceda e intentando evitarlo en lo posible.

El miedo —siempre el miedo—alimenta esta creencia, y el ego se regocija con ello, pues una de sus piedras angulares es el falso

---

* «la del Espíritu Santo»

sentido de protección. «Cuídate de todo mal» es un buen mensaje para el ego. Se alimenta de tu miedo, así te hace vulnerable, te lleva a la preocupación por el futuro y busca soluciones en tu pasado, y lo único que consigues es tener más miedo, porque nunca te sientes seguro. Las preocupaciones y la necesidad de controlar lo que pueda pasar nos mantienen totalmente ocupados. De este modo nuestra mente se mantiene absorta en pensamientos repetitivos, pensamientos parásitos, que nos quitan energía, que agotan nuestros sistemas nerviosos y que al final nos enferman.

El mundo siempre nos grita: «¡Protéjanse! ¡Protéjanse!». Y este mensaje hace mella, y sentimos que nos tenemos que proteger de todos y de todo lo desconocido.

No somos conscientes de que nuestra forma de pensar interactúa con todo, a pesar de que la física cuántica lo ha demostrado. Decimos cosas como: «Voy a tener una reunión con un comité formado por gente muy dura»; creemos que nuestro pensamiento no interacciona con los inconscientes de los miembros del comité. Luego, cuando nos presentamos frente a él, los resultados nos dan la razón. ¡Nuestra razón!, ¡nunca la verdad de las cosas!, ¡sí nuestra verdad de las cosas!

El *Curso* nos ilumina:

> *Es imposible que no recibas el mensaje que envías, pues ese es el mensaje que quieres. Tal vez creas que juzgas a tus hermanos por los mensajes que ellos te envían a ti, pero por lo que los juzgas es por los mensajes que tú les envías a ellos. No les atribuyas a ellos tu propia negación de tu alegría, o no podrás ver en ellos la chispa que te haría dichoso.[24]*

Defendemos nuestro ego con uñas y dientes, defendemos nuestra forma de vida como si esta fuera verdad, defendemos nuestras creencias para no perder la identidad. Cuestionarnos a nosotros mismos está fuera de nuestros planes, y sobre todo de los planes del ego. Él nos hace vivir en una jerarquía de valores, y los defendemos de diversas maneras. También nos hace creer que hay una jerarquía de juicios, desde juicios muy sutiles hasta grandes juicios. Creemos que las cosas nos afectan un poco, mucho o nada; la cuestión es vivir siempre en un sistema jerarquizado. No percibimos que es lo mismo que una sensación de dolor sea pequeña o grande, porque estamos en el amor o estamos en el miedo, y vivir en el miedo es tan horrible que tenemos que dividirlo en una escala que va de poco a mucho miedo, y no nos percatamos de que hasta la alegría también es una forma de miedo. El mismo Bhagavad-Gita dice: «Cuando el sufrimiento y la alegría son iguales...».

En el libro *La desaparición del universo,* de Gary R. Renard, Arten dice: «Una leve incomodidad no es diferente de una rabia o una pena extremas. Eres tú quien ha inventado la idea de niveles».[25]

Todo ello nos lleva a lo que el *Curso* considera el dios de la enfermedad: la depresión.

La depresión es la manifestación física y mental de que todo lo que me rodea no tiene nada que ver conmigo y que soy una víctima. Deseo, por encima de todo, cambiar las cosas y a las personas que me rodean, pues creo que, si lo consigo, seré muy feliz. No me doy cuenta de que no hallaré la felicidad aunque lo consiga, porque siempre me preocupará que alguien no cumpla el papel que le he asignado.

No estoy hablando de la depresión biológica y natural que todo ser vivo siente en un momento determinado, por ejemplo, al perder a un ser querido. En este caso, lo que llamamos depresión en realidad es un sistema de seguridad mental, para que el dolor que sentimos no nos mate. Toda nuestra biología decae a unos niveles fisiológicos que nos mantienen «fuera de juego» hasta que podamos recuperarnos; es lo que popularmente se llama «hacer el duelo».

Me refiero, más bien, a la depresión egoísta, la de querer manipular a nuestro semejantes, la de pretender hacer que se sientan culpables. Para ello, implementamos artimañas como las que se plasman en las frases «pobre de mí» o «mira como me siento por lo que tú me haces o me dejas de hacer». Es la depresión que invade nuestra mente cuando los demás no hacen lo que deseamos. Sufrimos, y nuestro sufrimiento es la prueba de lo mal que nos tratan. Atamos a las personas que decimos querer con las cadenas más fuertes que existen: la culpabilidad.

> *Si Dios sabe que Sus Hijos son completamente impecables, es una blasfemia percibirlos culpables. Si Dios sabe que Sus Hijos no pueden sufrir dolor alguno, es una blasfemia percibir sufrimiento en cualquier parte. Si Dios sabe que Sus Hijos son completamente dichosos, es una blasfemia sentirse deprimido.*[26]

> *Tu Padre te creó completamente libre de pecado, completamente libre de dolor y completamente a salvo de todo sufrimiento. Si niegas a tu Padre estarás invitando al pecado, al dolor y al sufrimiento a tu mente debido al poder que Él le dio. Tu mente es capaz de crear mundos, pero puede también negar lo que crea porque es libre.*[27]

EL EGO COMO ASESINO

¡Qué realidad más oculta la de que el ego es un asesino! «No olvides nunca que el ego es un asesino, por eso él quiere que pienses que Dios es un asesino y le tengas miedo»,[28] palabras que Pursah le dice a Gary.

No debemos olvidar nunca que el ego anda a la caza de conflicto y que siempre busca problemas donde no los hay. Que te sientas mal, que no tengas paz interior, es su mayor logro, y pone en ello todo su ahínco. Todo aquel que tenga una jerarquía de valores diferente a la tuya se convierte en tu enemigo, y quien tiene un enemigo es débil. Te hace sentir débil y desamparado frente a todo lo que te rodea, débil cuando lo que tú deseas no ocurre, débil cuando los demás no acatan tus órdenes o tus deseos.

Te hace elevarte alto y señero frente a todo, en defensa de tu sistema de pensamiento contra todo lo que no viva y respire igual que tú, pues quien así actúa es tu enemigo y el ego te dice que tienes derecho a juzgar. Te convierte en un inquisidor de las buenas conductas y de todo pensamiento que salga de la ortodoxia aceptada por la mayoría. Cuando te encuentras con personas permisivas, que aceptan las mil y una maneras de vivir, te levantas como un juez inquisidor y blandes como espada «las normas» del buen comportamiento y del buen hacer. Te crees con derecho a condenar, a eliminarlos de tu vida, mejor dicho, del mundo. Hoy en día, con internet, juzgar y condenar a los demás se ha convertido en una adicción. Los jueces se esconden en el anonimato que este medio permite, se ocultan tras el derecho de opinión y, si se te ocurre contradecirlos o simplemente dar tu versión de las cosas, se consideran con derecho a decirte de todo, a ser escuchados y atendidos, sin importarles para nada tus sentimientos.

El ego asesina mediante un arma infalible: el juicio.

Debemos mantenernos muy alerta contra las diferentes formas de juzgar de nuestra mente; muchas veces revestimos nuestro juicio como amor y llegamos a decir cosas como «lo hago por tu bien», cuando en realidad lo hacemos por nuestro bien. Muchas veces apoyamos el juicio en otro argumento demoledor: la defensa de las buenas costumbres. Hacemos la guerra contra aquellos que no piensan como nosotros, los juzgamos por su sexo, el color de su piel, su religión e incluso por su forma de hablar. Siempre lo hacemos proyectando nuestra culpa inconsciente y justificamos nuestras acciones con numerosos razonamientos, sin ver que son juicios. Debemos protegernos de todo aquel que no piensa, actúa o habla como nosotros. El *Curso* nos dice: «No se te pide que luches contra tu deseo de asesinar. Pero sí se te pide que te des cuenta de que las formas que este deseo adopta encubren la intención del mismo. (...) Lo que no es amor es asesinato. Lo que no es amoroso no puede ser sino un ataque».[29]

En definitiva, el ego asesina o te asesina, y lo hace mediante la culpa procedente del juicio condenatorio contra ti o contra los demás. Para el ego es irrelevante contra quién o qué manifiestes culpabilidad y contra quién la proyectes; para él, lo importante es que la culpa reine con todo su esplendor y que provoque estragos en la mente.

MUCHAS FORMAS DE ASESINATO Y UN SOLO PROPÓSITO

El ego hace todo lo posible para que nuestra mente esté siempre dividida. Para ello, utiliza la escala de valores, que le permite confrontar dos creencias opuestas en nuestra mente para provocar lo que tanto anhela: la batalla.

Nuestras creencias están siempre en lucha: es un batallar oculto con nuestra mente consciente. Razonamos y justificamos nuestras acciones en relación con nuestras creencias, y no vemos que hay creencias ocultas que hacen estragos en nuestra mente: nos hacen perder la coherencia emocional, lo que desencadena síntomas físicos. Enfermamos porque estamos continuamente batallando, ya sea contra nosotros mismos o contra nuestras proyecciones de los demás.

UCDM nos dice: «Pues vuestras creencias convergen en el cuerpo, al que el ego ha elegido como su hogar y tú consideras que es el tuyo».[30] Y también: «El pensamiento no se puede convertir en carne excepto mediante una creencia, ya que el pensamiento no es algo físico. El pensamiento, no obstante, es comunicación, para lo que sí se *puede* usar el cuerpo».[31] Estamos en conflicto cuando creemos que una ilusión puede triunfar sobre otra. Una frase que explica esto es: «Lo tengo muy claro, pero...».

Este «pero» es la resistencia del ego, es el apego a cómo quisiéramos que las cosas fueran. En mis consultas grupales, a veces encuentro alguna persona que «sufre» porque su madre no la quiere como a ella le gustaría que la quisiera. Se ve muy claramente la no aceptación de que su madre no deseaba tener un hijo, lo que no impidió que luego lo cuidara, quisiera y protegiera. Pero, en su impronta original, estas personas conservan en su inconsciente este «no deseo». Todo pasa por aceptar esto, liberarte de tu deseo egoísta acerca de cómo deberían ser las cosas y vivir plenamente. Comprender al otro para comprenderte a ti mismo, liberarte y liberar. Actuar desde tu corazón y no desde la obligación del ego.

Cuando tenemos algo muy claro, no hay pero que valga. Sabemos lo que queremos y lo hacemos. No miramos hacia atrás, sino en nuestro corazón. Él nos guía a la hora de elegir, es el lugar donde el Espíritu Santo nos espera para que podamos oír su «voz». Sabremos que es Él, porque sentiremos una paz que antes no sentíamos. Hasta que volvamos a entrar en conflicto y tengamos que regresar a este santo lugar a escuchar la respuesta para nosotros.

De todo lo expuesto, se derivan las leyes del caos:

1. La verdad es diferente para cada persona

Establecemos una jerarquía de valores y, cuando estamos frente a otra persona que tiene diferente jerarquía de valores, entramos en confrontación.

> *Y el ataque se justifica porque los valores difieren, y los que tienen distintos valores parecen ser diferentes, y, por ende, enemigos.*[32]

Esta ley permite que nos sintamos separados de todo aquel que no comparta nuestra forma de ver y entender las cosas. Entonces, desconfiamos y nos refugiamos en nuestras creencias y valores. Ello requiere defensa y múltiples razonamientos para demostrar que nuestros valores son mejores que los de los demás. Entonces, nuestra mente no descansa, busca y busca y entra en un conflicto muy profundo: la necesidad de decidir si revelar nuestros valores al mundo y mostrarnos como deseamos u ocultarnos y procurar agradar a este mundo, del cual queremos protegernos con una imagen hipócrita. Una imagen afable, inocente, que pretende agradar a todos y que esconde el miedo a no ser aceptado. Para proteger esta imagen, debemos reforzarla con la creencia de que es necesario hacer lo que los demás esperan en vez de actuar como nos gustaría. Aquí se oculta el miedo a la soledad, que el ego coloca en nuestra mente para volvernos egoístas. Es más, cuando vemos a alguien que hace lo que siente, lo atacamos diciéndole: «Eres muy egoísta, solamente piensas en ti», cuando en realidad esta persona se muestra tal como quiere ser, es consecuente consigo misma. Esto nos molesta profundamente, porque nuestro inconsciente, nuestra sombra (término junguiano para referirse a lo que ocultamos), repudia esta manera de hacer las cosas.

No vemos nuestro propio egoísmo, el engaño que proyectamos en los demás al hacer lo que creemos que tenemos que hacer, pero que en realidad no deseamos. Esto provoca estragos en nuestra paz mental. Ahí tenemos una de las semillas que producen grandes trastornos físicos.

2. No hay nadie que no peque

¡Cuánto ama el ego esta ley! Es normal, porque si yo me considero un pecador, obviamente los demás también lo son. Así se justifican mis juicios, mis opiniones y mi creencia de que debo protegerme de los demás.

Creemos tanto en el pecado que llegamos a decir: «Esto no lo perdona ni Dios». Es la justificación de nuestra condenación, de la creencia de que podemos cometer actos que ni siquiera Dios puede perdonar. El pecado justifica nuestra ira, nuestro ataque y nuestro asesinato. Condenamos a los demás, incluso a la pena de muerte, creyendo que es su justo merecido.

No vemos en ellos nuestro reflejo del miedo, de la soledad, de la separación. No vemos en ellos el reflejo de nuestro inconsciente, nuestra proyección de la muerte y el asesinato.

Veamos qué nos dice *UCDM*:

> *¿No es cierto acaso que no reconoces algunas de las formas en que el ataque se puede manifestar? Si es cierto que el ataque en cualquiera de sus formas te hará daño, y que te hará tanto daño como lo harían cualquiera de las formas que sí reconoces, entonces se puede concluir que no siempre reconoces la fuente del dolor. Cualquier forma de ataque es igualmente destructiva. Su propósito es siempre el mismo. Su única intención es asesinar (…) Si la intención del ataque es la muerte, ¿qué importa qué forma adopte?[33]*

> *Ni una sola fantasía de protección puede servir de escudo contra la fe en el asesinato. He aquí el cuerpo, vacilando entre el deseo natural de comunicarse y la intención antinatural de asesinar y de morir. ¿Crees que puede haber alguna forma de asesinato que ofrezca seguridad? ¿Podría acaso la culpabilidad estar ausente de un campo de batalla?[34]*

3. El temor a Dios

Obviamente mi creencia en el ataque, en el pecado, me hará temer ser castigado por mis faltas. Si yo puedo condenar a los demás por «sus pecados», entonces puedo ser condenado por los míos. He aquí el miedo a la condenación divina, a tener que pagar por los pecados.

Este conflicto mental me lleva a buscar castigo. De esta forma, espero que, cuando llegue la hora de la verdad, ya no haga falta el castigo divino, porque yo ya me he castigado. No puedo acceder a Él, porque debe estar muy enfadado por mis culpas. El perdón está ausente en la mente de Dios, esta es nuestra creencia. Si dejáramos de creerlo, sabríamos que siempre seremos perdonados, hagamos lo que hagamos.

Por eso, debemos empezar por perdonar nuestros juicios, nuestra condena de los actos de los demás. No podríamos ver los pecados de los demás si estos no estuvieran en nuestra mente inconsciente.

Aquello que nos molesta de los otros es lo que ocultamos a los ojos de los demás.

4. Posees aquello de lo que te apropias

Esta ley hace feliz al ego: te dice que, si tú tienes, los demás no, y si ellos tienen, tú no puedes tener. Es más: te enseña cómo comportarte para obtener lo que deseas. Si no lo obtienes, tu hermano merece ataque y condena, y muchas veces te pones enfermo para demostrarle que estás mal por su culpa.

> *De acuerdo con esa ley, la pérdida de otro es tu ganancia y, por consiguiente, no reconoce el hecho de que nunca puedes quitarle nada a nadie, excepto a ti mismo.*[35]

5. Hay un sustituto del amor

Esta es la creencia en que hay alguien o algo que nos curará de todo nuestro dolor. Es una búsqueda incesante allí afuera, pero solamente encontramos dolor y soledad, miedo a la pérdida. Por eso atacamos y nos defendemos de todo aquello que nos pueda arrebatar la solución al sufrimiento.

No vemos que, cuanto más creamos en el ataque, más se manifestará este en nuestra vida, y nuestra razón justificará más la defensa como consecuencia de la percepción de un ataque.

Establecemos todas nuestras relaciones con la creencia de que estas nos pueden proporcionar lo que necesitamos. Así empieza todo nuestro dolor, que se alimenta del miedo a perder esta relación tan necesaria. Se establece así lo que *UCDM* llama «relaciones especiales», fundadas en la idea de que Dios nos puede amar de una forma especial y diferente de como ama a los demás.

Todas estas leyes alimentan nuestro caos mental y nos quitan la paz interior tan necesaria para nuestra curación mental y física. Este es el principal propósito del ego: la pérdida de la paz mental.

Creer que la función del Hijo es asesinar no es pecado, pero sí es una locura.[36]

UCDM nos enseña que debemos estar por encima del campo de batalla. Sabremos que estamos inmersos en él cuando sintamos una punzada de dolor, un ápice de culpabilidad y, sobre todo, la pérdida de la paz.

Cuando se presenten, no abandones tu lugar en lo alto, sino elige inmediatamente un milagro en vez del asesinato. Y Dios Mismo, así como todas las luces del Cielo, se inclinarán tiernamente ante ti para apoyarte.[37]

¿DÓNDE ESTÁ LA ABUNDANCIA?

«Si andas preocupado por problemas financieros, amorosos o de relaciones familiares, busca en tu interior la respuesta para calmarte, tú eres el reflejo de lo que piensas diariamente».

Aristóteles, 360 a. de C. [1]

Deberíamos preguntarnos qué sentido tiene la vida, nacer para sufrir y que al final de todo nos digan que esto ha sido un cuento.

Se nos dice que cometimos un pecado, el pecado original, y que desde entonces estamos pagando por ello. De hecho, deberíamos cambiar la palabra pecado por la palabra pensamiento, y entonces la frase sería «pensamiento original». Aquí radica la causa primigenia de nuestra forma de vivir. Un pensamiento original penetró nuestra mente como una mancha de oscuridad allí donde todo era luz. Un pensamiento de separación, la creencia en una fuerza capaz de oponerse a la Grandeza divina. Este pensamiento original enraizó tan profundamente en nuestra mente que hizo posible un universo donde todo parece estar separado.

Esta idea de separación siguió adentrándose en nuestra mente y se hizo cada vez más inconsciente, hasta tal punto que olvidamos esta idea de sombra y de separación y creímos que todo lo que estaba frente a nuestros ojos era la realidad.

Esta que se mostraba ante nuestros ojos era aterradora, pues creímos que estaba al margen de nosotros y que la fuerza que proyectaba nos podía destruir. Nació en nuestra mente una profunda desazón llamada miedo. Este miedo se alimentaba de sí mismo; cada vez tenía más fuerza y afectaba a nuestra mente consciente, que, para liberarse de esta angustia, la volvía a proyectar en la mente interior o inconsciente, que también podemos llamar «sombra» o mente errónea.

Desde los albores de los tiempos, esta mente inconsciente gobierna nuestras vidas. Somos como vulgares robotitos; creemos tener la libertad de tomar decisiones. No vemos que somos gobernados por unas ideas profundas de separación, de miedo y de muerte.

Todo esto hizo nacer una culpa inconsciente, casi diría ontogénica, que vive en nosotros y que alimenta este mundo de separación. La creencia en la culpabilidad nos mantiene atrapados en el mundo de separación. Así, seguimos creyendo que los demás nos hacen todo lo que nos ocurre, y que somos víctimas inocentes de un mundo cruel y devastador.

UCDM afirma:

> *Es imposible que el Hijo de Dios pueda ser controlado por sucesos externos a él. Es imposible que él mismo no haya elegido las cosas que le suceden.*[2]

> *El ego no es más que la idea de que es posible que al Hijo de Dios le puedan suceder cosas en contra de su voluntad, y por ende, en contra de la Voluntad de Su Creador...*[3]

Este mecanismo se llama proyectar la culpabilidad en los demás. Creemos que de esta manera nos libramos de ella, aunque lo cierto es que, cuanto más proyectamos, más recibimos. Nuestra fuente de creación —*UCDM* habla de «fabricar»— es la proyección. Proyectamos lo que creemos ser, nuestras ideas preponderantes, ideas que controlan nuestras creencias y que, en definitiva, conforman nuestra vida.

UCDM nos dice:

> *Proyecta el conflicto desde tu mente a otras mentes, en un*
> *intento de persuadirte de que te has librado del problema (…)*
> *el conflicto no puede ser proyectado porque no puede ser compar-*
> *tido (…) el segundo error es la idea de que puedes deshacerte de*
> *algo que no deseas dándoselo a otro. Dándolo es precisamente*
> *como lo* conservas. *(…) Por eso es por lo que los que proyectan*
> *se preocupan tanto por su seguridad personal.*[4]

ENTONCES, ¿QUÉ VIDA VIVO?

La vida proyectada por este mar ignoto de oscuridad y de incons-
ciencia, la fuerza de una mente todopoderosa que se alimenta de
mi fuerza creadora, pues no sé que yo mismo la estoy alimentando.

Creo que un destino oculto gobierna mi vida, o quizás una cruz
que nosotros escogimos… qué más da, lo importante es que no soy
consciente de que yo mismo proyecto el destino, que la cruz es la
cruz de la culpa y que todos somos víctimas de nosotros mismos.
Es tanta la culpabilidad que albergamos que no nos queda más
remedio que buscar castigo. Lo buscamos de forma inconsciente y
lo proyectamos en nuestra vida cotidiana en forma de sinsabores,
problemas económicos, enfermedades, sentimientos de soledad y,
en definitiva, depresión.

El camino para salirse de tanta crueldad y de tanto sufrimiento es
comprender que todo lo que veo es una proyección de mi culpabilidad inconsciente y que el remedio es el perdón. Perdón por pensar
así, perdón por sentirme separado, perdón por creerme al margen
de la Fuente que todo lo da y que todo lo recibe. Una Fuente trans-
formadora, una Fuente que solamente puede dar el líquido que cada
uno de nosotros proyecta en su alma. Las profundidades del Ser.

¡OH, FUENTE!, ¿DÓNDE ESTÁS?,

¿Por qué no te veo?, ¿por qué no te siento? y ¿por qué tengo la certeza de que estás ahí y de que nunca has dejado de estar?

Tu fuerza, tu energía, tu pensamiento, tu brillo están ahí, lo sé, simplemente lo sé, y ¿qué hago yo? Buscarte desesperadamente allí donde no estas; buscar en el efecto, no en la causa. Ese efecto que está frente a mis ojos y que creo que está ahí desde los albores de los tiempos. Un efecto que yo no veo como efecto, sino como causa de todos mis males y sinsabores.

La ley que prevalece dentro del Reino se adapta fuera de él a la premisa: «Crees en lo que proyectas».[5]

Ya te he encontrado, y la he encontrado dentro de mí, mejor dicho en mí, porque yo formo parte de esta Fuente. Como alguien dijo: «El pez es el último que se entera de que está rodeado de agua». Nosotros, como ese simple pez, buscamos lo que está en nosotros, pero lo buscamos fuera de nosotros, en nuestros sueños, en nuestros deseos, en las desesperanzas, en los anhelos, en la soledad. ¿Qué vemos? Pues todo eso. Nosotros somos la fuente que buscamos, somos la causa de nuestros efectos, somos los soñadores de nuestra realidad. La Fuente, de la cual emana todo nos da sin cesar, porque ella es la Abundancia plena, total, sin límite de espacio ni de tiempo. Ella siempre ha estado aquí, y nosotros, como parte de ella, creamos el mundo que creemos merecer.

Entonces, se me pregunta: ¿de qué crees que eres merecedor, Hijo Mío? YO te daré todo aquello que tú creas que eres capaz de merecer, porque YO SOY la Fuente de la cual emana Todo. Solamente tú puedes poner límites a tus creaciones. Como entregas este poder a tu ego, dejas de crear para fabricar. Fabricas un mundo de separación, de dolor y de muerte, un mundo de miedo.

UCDM nos dice:

> ... *la ley fundamental del compartir, mediante la cual das lo que consideras valioso a fin de conservarlo en tu mente. Para el Espíritu Santo, es la ley de la extensión. Para el ego, la de la privación. Produce, por lo tanto, abundancia o escasez, dependiendo de cómo eliges aplicarla. La manera en que eliges aplicarla depende de ti, pero no depende de ti decidir si vas a utilizar la ley o no. Toda mente tiene que proyectar o extender porque así es como vive, y toda mente es vida.*[6]

Nosotros formamos parte de esta Fuente inagotable, estamos hechos a imagen y semejanza de este Prodigio, somos nuestros propios hacedores y nos damos aquello que creemos merecer.

Si quieres abundancia en tu vida, simplemente debes vivir esta verdad:

«Se te da todo aquello que tú eres capaz de dar».

No se te pide que des tu casa, tu coche, tus propiedades. Se te pide que te desprendas de tu apego a ellos, que comprendas que esto es infinitamente pequeño al lado de la grandiosidad que tú eres.

UCDM dice:

> *Libera a tu hermano aquí, tal como yo te liberé a ti. Hazle el mismo regalo, y contémplalo sin ninguna clase de condena. Considéralo tan inocente como yo te considero a ti, y pasa por alto los pecados que él cree ver en sí mismo.*[7]

> *Todo el mundo da tal como recibe, pero primero tiene que elegir qué es lo que quiere recibir. Y reconocerá lo que ha elegido por lo que dé y por lo que reciba. Y no hay nada en el infierno o en el Cielo que pueda interferir en su decisión.*[8]

¡Qué grandes que somos y qué vida más pequeña vivimos! Es hora de quitarse estas argollas, estas cadenas que atenazan nuestras mentes divididas, mentes de separación, de creencia en la escasez y en el dolor. Es hora de levantar nuestros cansados ojos, de sanar nuestros cuerpos dolidos, de recuperar nuestras almas heridas y de saber que la Fuente que todo lo cura nos rodea.

Debemos ofrecer a nuestros hermanos la visión de su santidad, liberémoslos de su culpa mediante nuestro perdón por la condena que en un día les ofrecimos.

> *Tu mente es una luz tan potente que tú puedes contemplar las mentes de tus hermanos e iluminarlas, tal como yo puedo iluminar la tuya.*[9]

Podemos impedir que toda esta majestuosidad brille a través de nosotros, pero no podemos impedir que brille sobre nosotros. Levantemos nuestras miradas a los Cielos y declaremos lo que nunca hemos dejado de ser:

«Sé lo que soy y acepto mi herencia».[10]

LOS ÍDOLOS DE LA ENFERMEDAD

«Nada externo a ti puede hacerte temer o amar porque no hay nada externo a ti».

UCDM[1]

El ego siempre trabaja con la negación y la proyección. Niega que la causa de lo que le ocurre esté en él y proyecta todo aquello que le molesta hacia afuera, o sea, hacia los demás.

La negación de la causa en uno mismo hace que esta se proyecte afuera y, de esta manera, permanecemos en el sueño de separación, que es la máxima del ego.

De ello deriva un profundo victimismo. Debo protegerme de algo externo, debo protegerme de lo que alguien me puede hacer.

Este estrés permanente, ocasionado por la vigilancia del exterior, por el temor de lo que aparentemente me puede suceder por causas ajenas a mi voluntad, produce un desequilibrio emocional. El miedo reina y campa a sus anchas.

El ego identifica estas causas externas a él y proclama que hay que defenderse de ellas o mitigar sus influencias.

El ego cree firmemente en el tiempo. Esta creencia le permite vivir en una ansiedad continua producida por el deseo de controlarlo. El tiempo puede ser muy oprimente, y la creencia en la falta de este nos pone literalmente enfermos.

Pero todos hemos experimentado que el tiempo es mental. ¿A quién no se le ha hecho un minuto como una hora y una hora como un minuto? ¿Quien no ha soñado y ha creído que el sueño duraba unas horas, cuando en realidad habían pasado unos escasos minutos? Esto nos demuestra que el tiempo es mental, que es relativo y que la mente puede vivirlo de muchas maneras diferentes. Desde la perspectiva del tiempo llamado real, el día tiene veinticuatro horas, pero el tiempo psicológico puede durar menos o más. A muchas personas les cunde el tiempo, mientras que a otras siempre les falta. ¿Dónde radica la causa de esta experiencia? Obviamente en nosotros mismos. Para que el tiempo, por así decirlo, se alargue, es necesario alcanzar un estado mental al que yo llamo «mente de tortuga».

Pero, antes de adentrarnos en la «mente de tortuga», veamos lo que nos dice *UCDM*: «Tanto el tiempo como la eternidad se encuentran en tu mente, y estarán en conflicto hasta que percibas el tiempo exclusivamente como un medio para recuperar la eternidad».[2]

MENTE DE TORTUGA

Para poder vivir con una mente de tortuga, es necesario que la mente deje de ser oprimente, es decir, que deje de tener prisa y de querer que las cosas sucedan a la voz de ¡ya!

Es necesario que vivas cada situación en el instante en que la estás viviendo, que dejes tus proyecciones sobre cómo deben ser las cosas en manos de Aquel que sabe lo que es mejor para ti, para que Él escoja el tiempo en que te puedan ser útiles.

Cuando tu mente descansa, dejando lo que tiene que hacer —los proyectos, los anhelos, los deseos— en manos del Espíritu Santo, te ocupas simplemente de lo que hay en el ahora, en el presente. Este, libre de la presión del cuándo y del cómo, adquiere la capacidad de desarrollarse infinitamente, y así te sientes preparado para recibir toda la información que necesitas para llevar a cabo lo que estás haciendo «ahora». Es un instante de máxima creación: la mente no desea, simplemente escucha a una Mente Superior, que contiene a todas las mentes. Entonces —¡oh, milagro! — las ideas brotan como un manantial de aguas frescas y cristalinas. En estos momentos tu mente ha conectado con la Mente Universal que vive en la Eternidad, donde todo es ahora mismo, donde pasado, presente y futuro es todo un instante de infinitas posibilidades de creación y de manifestación física.

UCDM nos dice:

> *Tus creaciones, al igual que tú, representan una aportación para Él, pero ni tú ni ellas le aportan nada que sea diferente porque todo ha existido siempre. (…) Tu santa mente determina todo lo que te ocurre. La respuesta que das a todo lo que percibes depende de ti porque es tu mente la que determina tu percepción de ello.[3]*

Cuando nos liberamos del miedo a que las cosas que anhelamos o deseamos no ocurran, entonces es cuando las posibilidades de que ocurran aumentan. Nuestras dudas influyen constantemente en la no realización de nuestros proyectos.

Cuando comprendemos que lo que deseamos es una posibilidad y nos liberamos del apego a que las cosas sean de una determinada manera, lo normal es que los deseos y las expectativas se vean superados por hechos mucho más amplios y de mayor trascendencia. Una mente libre de preocupaciones es una mente serena, que observa y que sabe cuándo y cómo debe ocuparse.

Dice *UCDM*:

> *Todo lo que el ego te dice que necesitas te hará daño. (…) No te preguntes a ti mismo, por lo tanto, qué es lo que necesitas, pues no lo sabes, y lo que te aconsejes a ti mismo te hará daño. Pues lo que crees necesitar servirá simplemente para fortificar tu mundo contra la luz y para hacer que no estés dispuesto a cuestionar el valor que este mundo tiene realmente para ti.[4]*

Solo el Espíritu Santo sabe lo que necesitas. Pues Él te provee-
rá de todas las cosas que no obstaculizan el camino hacia la luz.
¿Qué otra cosa podrías necesitar? Mientras estés en el tiempo, Él
te proveerá de todo cuanto necesites, y lo renovará siempre que
tengas necesidad de ello. No te privará de nada mientras lo ne-
cesites. Mas Él sabe que todo lo que necesitas es temporal, y que
solo durará hasta que dejes a un lado todas tus necesidades y te
des cuenta de que todas ellas han sido satisfechas (...) Lo único
que le interesa es asegurarse de que no te valgas de ellas para
prolongar tu estadía en el tiempo.[5]

Deja, por lo tanto, todas tus necesidades en Sus manos. Él las
colmará sin darles ninguna importancia.[6]

La «mente de tortuga» está libre; vive en el presente; se ocupa de
lo que ocurre ahora, sabiendo que las circunstancias y las personas
que la rodean están allí en un instante de creación conjunta. Todo
está bien, todo es un aprendizaje para nuestro despertar. Nuestra
mente sosegada y tranquila observa lo que ella sabe que son sus
creaciones, la extensión de ella misma en un marco en el que puede
desarrollarse y reconocer quién es realmente y a quién pertenece.

Por todo ello debemos entregar nuestro tiempo al Espíritu Santo.
Él lo utilizará como un medio de enseñanza y de aprendizaje, como
dice *UCDM*: «Su función docente».

Y el tiempo será tal como tú lo interpretes, pues, de por sí, no
es nada.[7]

Hay un ídolo de la enfermedad que hace estragos en nuestra paz
mental y, por ende, destroza nuestro sistema nervioso e intoxica el
cuerpo. Me refiero a la creencia en el ataque, en de que algo externo
a nosotros nos puede dañar.

Solamente la creencia en la separación puede dar lugar a la creencia en el ataque. Pensamos que son otros los que nos hacen daño,

pensamos que son circunstancias ajenas a nuestra voluntad las que nos molestan. No somos conscientes de que los que entregamos nuestro poder a los demás somos nosotros, al sentirnos separados de ellos. Necesitamos ídolos que nos protejan, y estos no hacen más que reforzar la creencia en la separación. Si fuéramos conscientes de quiénes somos en cada instante, no los necesitaríamos.

Muchas veces proyectamos en los demás el odio y el desprecio que nos tenemos. Creemos que de esta manera nos liberamos. Hacemos juicios constantes contra aquellos que parecen ser diferentes a nosotros; utilizamos nuestro cuerpo como baremo de comparación y ello nos lleva a sentirnos diferentes. Nos desvalorizamos, y el ego consigue que perdamos lo que tanto anhelamos: la paz interior.

Por eso *UCDM* nos dice:

> *La enfermedad es idolatría porque es la creencia de que se te puede desposeer de tu poder.*[8]

> *Todo ataque es un ataque contra uno mismo. No puede ser otra cosa.*[9]

> *En este mundo la salud es el equivalente de lo que en el Cielo es la valía.(...) Cuando no te consideras valioso enfermas...*[10]

> *Cuando un hermano está enfermo es porque no está pidiendo paz, y, por lo tanto, no sabe que ya dispone de ella. Aceptar la paz es negar lo ilusorio, y la enfermedad es una ilusión.*[11]

> *Una vez que se ha experimentado la protección de Dios, inventar ídolos se vuelve inconcebible.*[12]

LA DEPRESIÓN

Ya he hablado antes de ella, pero, como también dije, hay que insistir. Muchas veces es necesario repetir las enseñanzas para integrarlas.

El gran ídolo de la enfermedad es la depresión. Cuando hablo de la depresión, no me refiero a la depresión biológica, aquella que se produce de forma natural para evitar males mayores al cuerpo. Si se muere un ser querido, por ejemplo, es normal que todo mi metabolismo decrezca y que me sienta abatido y triste. Este estado me da tiempo para recuperar mi equilibrio emocional, aceptar lo que me sucede y trascenderlo, con el fin de poder seguir cumpliendo mi función en el tiempo.

Cuando me mantengo rígido e inflexible frente a los acontecimientos externos, que no acepto o a los que me resisto, mi mente choca contra un «muro mental» inquebrantable, y me deprimo. Me deprimo por mi resistencia a aceptar lo que tengo delante de mí. Quiero que las cosas sean diferentes de como las percibo; deseo cambiar lo externo, pues creo que eso me dará la felicidad. Y, al ver que no cambia, me deprimo.

No comprendemos que, cuanto más nos resistimos, más reforzamos nuestra realidad y más la sufrimos. Nos deprimimos por la resistencia, la no aceptación, la creencia en la separación, el miedo a la soledad, el deseo obsesivo de que las cosas sean como a nosotros nos gustaría.

¡Cuántas veces una persona descubre que ha sido engañada por su pareja y, decidida a hacer todo lo posible para conservar la relación, la hace sentir culpable! Pero su pareja persiste en su conducta, y entonces llega la depresión. Decidimos sufrir para hacer sentir culpable al otro; más o menos conscientemente, pretendemos que nuestro dolor lo haga cambiar y, al no conseguirlo, nos deprimimos. Sencillamente, no aceptamos el aprendizaje que encierra esta situación y decidimos sufrirla en vez de integrarla.

UCDM declara:

La depresión significa que has abjurado de Dios.[13]

Mas no olvides que negar a Dios dará lugar inevitablemente a la proyección, y creerás que son otros y no tú los que te han hecho esto a ti (…) Tal vez creas que juzgas a tus hermanos por los mensajes que ellos te envían a ti, pero por lo que los juzgas es por los mensajes que tú les envías a ellos.[14]

Y para terminar estas reflexiones, veamos lo que nos dice *UCDM* sobre cómo ver a nuestros hermanos: «No les atribuyas a ellos la propia negación de la alegría, o no podrás ver en ellos la chispa que te haría dichoso. Negar la chispa conduce a la depresión, pues, siempre que ves a tus hermanos desprovistos de ella, estás negando a Dios.[15]

PERO QUE NO TE RETRASE EN TU CAMINO

La Biblia *dice que, si un hermano te pide que camines con él una milla, que le acompañes dos. Ciertamente no sugiere que le retrases en su viaje. Tu dedicación a un hermano no puede tampoco retrasarte a ti.[16]*

Llevo años reflexionando acerca de hasta qué punto la curación puede tener lugar y sobre las condiciones necesarias para obtenerla.

Primero, hemos de tener en cuenta que la mente está muy atrapada en la creencia en la enfermedad y que, debido a ello, debemos utilizar lo que el *Curso* llama «principios mágicos»: remedios o medicamentos para los males corporales.

Mi experiencia clínica en mi trabajo me lleva a ver personas que están enfermas de los llamados grandes males, como cáncer, enfermedades degenerativas y neurológicas. Cuando una persona con este tipo de diagnóstico viene a verme, estoy seguro de que está dispuesta a todo con tal de curarse.

Sé que lo que voy a decir en estas líneas puede crear desasosiego, un desasosiego que tiene su origen en nuestras creencias y su control sobre nuestros actos conscientes, aunque creamos elegir libremente nuestros actos.

La mente inconsciente, que representa entre un noventa y cinco y un noventa y siete por ciento de la actividad mental, controla y graba todo lo que nos sucede. Procesa una cantidad de bits de información muy elevada, si la comparamos con la que controla nuestra mente consciente. Por esta causa, la mente inconsciente suele determinar nuestras decisiones y, muchas veces, nos impulsa a hacer cosas que no querríamos, y no sabemos por qué las hacemos. Esto lo podemos trasladar a situaciones repetitivas, tanto en mis relaciones interpersonales, como a circunstancias locales o puntuales.

Cuando *UCDM* se refiere las relaciones especiales, de alguna forma lo hace desde una perspectiva freudiana. Freud nos habla del inconsciente y nos alerta de su importancia e influencia en nuestras vidas, en los pensamientos y en las decisiones. Lo curioso es que la mayoría de las personas no se dan cuenta de que existen programas ocultos en el inconsciente que afectan directamente a sus vidas. Cuando en mis charlas y conferencias digo que somos un programa, una vulgar «matriz», muchos ponen cara de incredulidad y de pensar: «¡Qué dice este tío!».

Hasta el mismísimo san Pablo hizo referencia a esto cuando dijo: «Puesto que no hago el bien que quiero, sino que obro el mal que no quiero».[17] El *Curso* nos alienta a «despertar», a hacernos conscientes de que nuestras vidas no están en nuestras manos y de que, si queremos ser libres, debemos descubrir la verdad. Una verdad oculta en el inconsciente, reprimida por el miedo, alentado constantemente por el ego. *UCDM* llama a esto la «dinámica de la negación».

> *La tarea del obrador de milagros es, por tanto,* negar la negación de la verdad.[18]

> *Nada que te hayas negado a aceptar puede ser llevado a la conciencia.*[19]

Esta última frase señala lo que realmente quiero decir: no puedes hacerte consciente de nada que no creas que es posible hacer consciente. No puedes ser consciente de que eres un programa, si realmente no consideras esa posibilidad. No puedes cuestionarte tus creencias, si las conviertes en un dogma de comportamiento. Es imposible que nadie despierte de un programa si piensa que no está en él.

> *El Espíritu Santo te enseñará a percibir más allá de tus creencias porque la verdad está más allá de cualquier creencia, y la percepción del Espíritu Santo es verdadera.*[20]

Cuando le digo a un paciente: «Mira, esto que te ocurre, este comportamiento adictivo, esta sensación de vacío... no es tuyo. Es un programa de tu inconsciente que lucha para salir a tu consciente y así poder liberarse. Cuanto más lo reprimas, cuando más lo niegues, cuando más luches contra él... más fuerte lo harás. Aquello a lo que te resistes persiste. Lo primero que debes hacer es integrar todo este desasosiego, ver qué se oculta detrás de este comportamiento o adicción, de este síntoma físico tan molesto y de esta enfermedad que puede destruir tu cuerpo».

Lo primero que suele hacer la persona que me escucha es abrir los ojos. ¡Qué curioso!, abrir los ojos es una respuesta inconsciente, pero que invita precisamente a esto: abrir los ojos. Ver otras posibilidades, darte cuenta de que tu propia curación está en ti y se halla oculta tras unos programas, muchas veces ancestrales, que buscan salir a la luz de la conciencia para que puedan ser trasformados, mejor dicho «perdonados».

Este primer paso es fundamental: cuestionarnos nuestras creencias, verdades, historias y justificaciones. Pero no es el único. Hay que dar muchos pasos más, y no todo el mundo está dispuesto a hacerlo. Hay innumerables barreras inconscientes, muchos bloqueos mentales, creencias inamovibles sujetas por una infinidad de anclas emocionales y familiares.

No todo el mundo está dispuesto a dejar de ser «crucificado», a renunciar al papel de víctima. No todo el mundo está dispuesto a desvincularse de los lazos familiares que lo mantienen atado a conductas nocivas y tóxicas. Conductas de «¡ay, pobre de mí!», de sobreprotección, de control, de chantaje emocional, comportamientos que nos crean sentimientos de culpa, pues hacemos cosas que no queremos hacer, pero que creemos que tenemos que hacer. Decimos cosas como: «Si no lo hago, se pondrá enfermo; es que lo está pasando muy mal; cuando mejore ya me iré…». Posponemos nuestra libertad individual, nos «crucificamos» creyendo que hacemos un bien. Pero lo único que conseguimos al mantener nuestra conducta es conservar el problema.

Recuerdo un caso clínico. Una señora vino a verme porque tenía un cáncer en el omóplato izquierdo desde hacía muchos años. Le habían hecho los tratamientos oportunos y, nueve años más tarde, presentaba una recidiva en el mismo sitio y metástasis en los pulmones. Ella me contó su interpretación de su historia personal, que yo, obviamente por motivos clínicos, no acepté. Le dije que su conflicto tenía que ver con los hijos y la falta de libertad; ella me quería llevar al conflicto con el marido, pero yo insistí en que su biología me señalaba que el problema era con los hijos. Al final, encontramos la creencia: «Mis responsabilidades con mis hijos me impiden que me divorcie de mi marido y tenga más libertad», «mis hijos me impiden ser libre de dejar a mi marido». Había continuado con su marido y con sus hijos y, a los nueve años, se había repetido la historia. Ella quería más libertad, pero su marido no cambiaba. Estaba en casa, pero era como si no estuviera. Pero los hijos… ¡ay, los hijos! Ahora su situación era la misma que nueve años atrás: seguía sin soportar al marido y los hijos manifestaban conductas adictivas debido a su sobreprotección. Ella no había cambiado, seguía manteniendo sus creencias, pero no sabía por qué estas la controlaban. Descubrimos que tenía creencias inconscientes heredadas de su madre: el padre de su madre había abandonado a su mujer y a sus hijos. Era como si la madre le susurrara al oído: «Haz todo lo posible para que tus hijos no se queden sin padre».

En esto consiste el cambio tan pregonado, el camino de elegir con tu corazón, la compresión de que tú no puedes ayudar a nadie salvo a ti mismo.

Nuestras conductas están fuertemente ancladas en creencias ancestrales, en comportamientos de negación de uno mismo, en un falso concepto de egoísmo. Hacemos cosas que no queremos hacer; vamos donde no queremos ir con una actitud de «sacrificio» que lo único que esconde es miedo. Miedo a no ser aceptado, al qué dirán, a la culpa. En definitiva: miedo, miedo y miedo.

> *La lógica del ego es tan impecable como la del Espíritu Santo, ya que tu mente tiene a su disposición los medios para ponerse de parte del Cielo o de la tierra, según elija. Pero una vez más, recuerda que ambos se encuentran en ti.[21]*

Cuando una persona se siente enferma, lo primero que hace es buscar la solución a sus males en el exterior. Busca a alguien que la pueda curar. Si encuentra a una persona que aplica el *Curso*, se sorprende al descubrir que la curación está en ella misma, que cada persona le brinda la oportunidad de ver las cosas de otra manera y que tiene que liberarse de la culpa. Por encima de todo, o que yo enseño es que la verdadera curación se encuentra cuando se cambia de mentalidad con respecto a la historia personal, lo que conduce a un cambio de conducta.

> *Tienes que cambiar de mentalidad, no de comportamiento, y eso es cuestión de que estés dispuesto a hacerlo.[22]*

Cuando una persona hace lo que cree y siente que tiene que hacer —que muchas veces contradice lo que hace la mayoría—, cuando lo primero que hace una persona es mirarse a sí misma y preguntarse quién quiere ser, muchas veces se la llama egoísta. ¡Qué curioso!: llamamos egoísta a quien es coherente consigo mismo, porque no hace lo que creemos que debe hacer. Entonces, ¿quién es el egoísta?

El plan del ego para la salvación se basa en abrigar resenti-
mientos. Mantiene que, si tal persona actuara o hablara de otra
manera, o si tal o cual acontecimiento o circunstancia externa
cambiase, tú te salvarías. De este modo, la fuente de la salvación
se percibe constantemente como algo externo a ti. Cada resenti-
miento que abrigas es una declaración y una aseveración en la
que crees, que reza así: «Si esto fuese diferente, yo me salvaría».
El cambio de mentalidad necesario para la salvación, por lo tan-
to, se lo exiges a todo el mundo y a todas las cosas excepto a ti
mismo.[23]

Recuerdo dos casos de personas con cáncer y metástasis en varias
partes del cuerpo. Ambas comprendieron que tenían que hacer un
cambio fundamental, y que se trataba de un cambio de mentalidad,
no de conducta. Trabajé con ellas en busca de los resentimientos
ocultos, a los que les llamo la «emoción oculta». Los sacamos a la
luz de la conciencia, para poder transformarlos mediante la compresión de los programas ocultos que dominaban sus vidas. Pretendía que sanaran su percepción, que abandonasen el papel de víctimas que las hacía soportar situaciones de vejación y de profunda
desvalorización. Comprendieron el significado del famoso dicho:
«Dios los cría y ellos se juntan». Entendieron que no hay víctimas ni
victimarios, que cada uno representa un papel y que, por lo tanto,
la culpa no es real. Con esta «nueva percepción», se liberaron del
resentimiento y cambiaron de mentalidad de una forma casi espon-
tánea. En poco tiempo, sus cuerpos reflejaron ese cambio y sus
«heridas» se sanaron con rapidez.

¿Está terminada la curación? La respuesta es NO. Para que haya
una curación plena tiene que haber un cambio de conducta. La
persona no puede volver a las situaciones problemáticas, aun cuando
hayan cambiado sus juicios y sus percepciones. ¿Por qué? Porque en
el inconsciente todavía quedan unos anclajes, que, a pesar de estar
debilitados, siguen ahí. Durante un tiempo, que mi experiencia me
ha ensañado que es de unos meses, la persona se encuentra bien,

pero, de repente, la enfermedad vuelve. ¿Qué pasa? La respuesta es lapidaria: el cambio de conducta no ha sido completo, se han mantenido relaciones y circunstancias antiguas. Se ha cambiado la percepción, sí; ha habido perdón, sí; pero en la mayoría de los casos las personas no han alcanzado la conciencia plena de este perdón y su inconsciente sigue presto, atento al más mínimo resentimiento.

Estas son algunas frases de mis pacientes: «Ya estoy cansado de ser el fuerte de la familia»; «si yo no estoy alegre nadie lo está», «me aíslo de mi entorno familiar»... Como vemos, estas personas siguen vigilantes; aún piensan que, si actúan según les dictan sus corazones, pueden molestar a los demás y, si estos están enfermos, aún sienten un pequeño rescoldo de culpa. Entonces aguantan allí, esperando inconscientemente que los demás cambien. Como esto no sucede, continúan resistiendo, sonriendo frente al mismo problema, más mitigado, eso sí, pero al fin y al cabo el mismo. No están haciendo el cambio fundamental, que consiste en vivir su propia vida al margen de los demás y no olvidar que nadie puede morir por otro. Los lazos familiares, las creencias limitantes, los miedos inconscientes no nos permiten ser libres de verdad, vivir con auténtica coherencia, pues nos atan a conductas nocivas. Pero hay que dar ese paso para ingresar en otro estado y dejar que el cuerpo muera.

¡Cuántas curaciones espontáneas habré visto! ¡Y cuántas suponen un cambio total de mentalidad que conduce a cambios de conducta radicales! Esas personas cortan con todos los vínculos del pasado; ya nada las retiene; miran hacia delante sin condenación; sueltan las conductas adictivas con maridos, esposas, madres o padres; dejan de vivir la vida de los demás para vivir las propias; dejan de querer que los demás cambien y, sobre todo, ya no justifican ninguna conducta de los demás con respecto a ellas.

Libres de todo resentimiento, libres de deudas, libres del «¡ay, que no les quiero hacer daño!», en definitiva libres de su pasado. Hay que ser muy valiente para mirar el presente sin condenación. Se tienen que tener una mente libre de juicios y, cuando aparece uno, mandarlo a expiar a través del Espíritu Santo.

Cuando lo logro, **ya no hay nadie que retrase mi camino y tampoco yo retraso a los demás con mi falsa compasión ni mi ignorancia acerca de cómo debo ayudar.**

> *Los buenos maestros se dan cuenta de que solo los cambios fundamentales son duraderos, mas no comienzan en ese nivel. Su primer objetivo —y el más importante— es fortalecer en el estudiante el deseo de cambiar. Ese es asimismo no solo su último objetivo sino también su objetivo final. Lo único que el maestro tiene que hacer para garantizar el cambio es estimular en el alumno su deseo de cambiar. Cambiar de motivación es cambiar de mentalidad, y esto inevitablemente produce un cambio fundamental, ya que la mente es fundamental.[24]*

Por eso, una persona que se ha curado de una enfermedad, como por ejemplo, el cáncer, debe estar muy alerta para no repetir conductas, para evitar situaciones o a personas, que a su inconsciente le recuerden momentos de peligro. A nadie se le ocurriría enviar a un exalcohólico a tomarse un café con leche en un bar. En ese ambiente hay demasiados anclajes. A nadie se le ocurría mandar a una mujer violada a cenar con su violador, a pesar de haber comprendido y perdonado la situación que vivió.

Hay anclajes que provienen de cuando se estaba en el útero materno. Es el caso, por ejemplo, de la persona cuya madre, por las circunstancias que fueran, no deseaba traerla al mundo, le molestaba quedarse embarazada, es más, por su mente tal vez pasó el deseo de abortar. Entonces, la persona nace con un vacío interior, con una carencia fundamental de cariño y de amor; busca incesantemente que su madre la quiera, aunque es casi seguro que ella la ha cuidado, la ha alimentado y ahora mismo daría su vida por ella. Pero hay un condicionante muy fuerte de desamor y la persona vive una relación adictiva con su madre, se encuentra embarcada en una búsqueda permanente de reconocimiento, y eso la enferma. Es algo compulsivo, irracional. Debe poner a la luz de la conciencia este programa, perdonarlo, soltarlo y aceptar que su madre no la quiso. Así se libera y la libera de toda culpabilidad. Entonces, puede proseguir su camino sin apegos; es libre de estar con ella o de desaparecer de su vida. Ahora, cuando esté con ella, no será por obligación o por pena, sino porque quiere estar, y, si no le apetece, pues lo acepta y se queda en paz.

> *No amas a quien tratas de aprisionar. Por lo tanto, cuando tratas de aprisionar a alguien, incluyéndote a ti mismo, no le amas y no te puedes identificar con él.*[25]

> *Cuando el ego te tiente a enfermar no le pidas al Espíritu Santo que cure al cuerpo, pues eso no sería sino aceptar la creencia del ego de que el cuerpo es el que necesita curación. Pídele, más bien, que te enseñe cómo* percibir *correctamente el cuerpo, pues lo único que puede estar distorsionado es la percepción. Solo la percepción puede estar enferma porque solo la percepción puede estar equivocada.*[26]

> *No intentes «ayudar» a un hermano a tu manera, pues no puedes ayudarte a ti mismo.*[27]

> *Las interpretaciones que haces de las necesidades de tu hermano son las interpretaciones que haces de las tuyas propias. Al prestar ayuda la estas pidiendo, y si percibes tan solo una necesidad en ti serás sanado.*[28]

> *Si amarse uno a sí mismo significa curarse uno a sí mismo, los que están enfermos no se aman a sí mismos.*[29]

Dibujo realizado por Montserrat Adell.
Propiedad del Instituto Español de Bioneuroemoción.

CÓMO ENCONTRARSE A UNO MISMO

Todo el mundo ha oído la frase «Conócete a ti mismo». Se han desarrollado multitud de técnicas para alcanzar el autoconocimiento; algunas de ellas son tremendas disciplinas que duran años y años. La idea fundamental es siempre la misma: buscar dentro de nosotros aquello que yace oculto en el inconsciente, para poder liberarnos de sus cadenas y alcanzar la iluminación.

Esto se puede conseguir con arduos trabajos y disciplinas férreas, es más: sin una disciplina mental, no es posible lograr nada. Hasta el *Curso* lo dice: «Una mente sin entrenar no puede lograr nada».[1] *UCDM* deja muy claro que se trata de un curso de autoaplicación y que requiere estar muy alerta en relación con los pensamientos que alberga nuestra mente, pues sabemos que estos están creando forma en algún ámbito del espacio-tiempo. Nos enseña que no hace falta creer en sus postulados, basta con ponerlos en práctica en nuestro quehacer diario. Así se obtiene la experiencia necesaria para saber cómo funcionan los pensamientos y se adquiere destreza a fin de anular los pensamientos parásitos y activar los que nos permiten funcionar cada día.

La mente no para nunca y no deja de fabricar las circunstancias de nuestras vidas. Cuando seamos conscientes de este poder y lo utilicemos de una forma consciente a través del Espíritu Santo, crearemos. Esto requiere tener una mente disciplinada en el no

juicio. Una mente que no hace juicios es una mente que no percibe,
y es entonces cuando la mente tiene la capacidad de la percepción
perfecta. Pero se trata de un logro que no podemos obtener por
nosotros mismos, necesitamos la ayuda del Espíritu Santo.

> *Tal vez creas que eres responsable de lo que haces, pero no
> de lo que piensas. La verdad es que eres responsable de lo que
> piensas porque es solamente en ese nivel donde puedes ejercer tu
> poder de decisión.*[2]

> *La mente es muy poderosa y jamás pierde su fuerza creativa.
> Nunca duerme. Está creando continuamente. Es difícil recono-
> cer la oleada de poder que resulta de la combinación de pensa-
> miento y creencia, la cual puede literalmente mover montañas.*[3]

> *En última instancia, no importa si tus juicios son acertados o
> no, pues, en cualquier caso, estás depositando tu fe en lo irreal.*[4]

EL ESPEJO

Aplicar el método del espejo a nuestra vida es una forma rápida y
eficaz de conocernos a nosotros mismos. Es muy conocida la frase:
«Ver la paja en el ojo ajeno y no la viga en el propio», que alude a la
conveniencia de reconocer las faltas propias antes de condenar las
de los demás.

Todo esto indica que continuamente proyectamos en los demás
y vemos en ellos lo que nos agrada o disgusta de nosotros mismos.

Cuando lo que vemos en los otros nos desagrada mucho, no aceptamos que nos digan que somos iguales, es más: nos encoleriza-
mos, lo negamos con rotundidad. Cuando reaccionamos de esta
forma excesiva, podemos estar seguros de que lo que nos dicen es
cierto. Lo que sucede es que ignoramos que, si atacamos una posición del otro, se debe a que previamente la hemos condenado en
nosotros mismos. De forma inconsciente, proyectamos al exterior

esta condenación y el deseo de ocultar lo que creemos que es un defecto, y por eso nos alteramos cuando lo vemos en los demás. Continuamente nos encontramos con personas o situaciones que nos recuerdan aquello que nos altera y a lo que nos oponemos con tanto empeño, un empeño que solo se explica debido a que tenemos una serie de juicios contra el supuesto defecto.

El psicólogo Carl G. Jung dijo que siempre nos encontramos con nuestra sombra. Si somos conscientes de esto, podremos aprender muchísimo de nosotros mismos. Podremos ver nuestros prejuicios, nuestros juicios y creencias acerca de los demás.

Una de las características del funcionamiento del espejo es que solemos encontrarnos con aquello sobre lo cual hemos formulado un rotundo juicio condenatorio. Por ejemplo, odio que las personas mientan, y me cruzo constantemente con personas que me mienten. Esto me hace perder la paz mental, simplemente porque no entiendo cuál es el mensaje que me envía la vida. Lo primero, habría que preguntarse: «¿Cómo me miento a mí mismo?». Si reflexiono, me daré cuenta de que digo sí cuando pienso que no, voy a algún lugar cuando no quiero ir… En definitiva, me miento a mí mismo todo el tiempo. A lo largo de sus páginas, el *Curso* nos enseña que siempre vivimos experiencias sobre las cuales previamente hemos formulado un juicio.

> *La forma en que percibes en cualquier momento dado determina tu comportamiento…*[5]

> *Tu hermano es el espejo en el que ves reflejada la imagen que tienes de ti mismo mientras perdure la percepción.*[6]

> *Decirte que no juzgues lo que no entiendes es ciertamente un buen consejo.*[7]

> *Si reconocieses que cualquier ataque que percibes se encuentra en tu mente, y solo en tu mente, habrías por fin localizado su*

origen, y allí donde el ataque tiene su origen, allí mismo tiene que terminar.[8]

La espada del juicio es el arma que le entregas a esta ilusión de ti mismo, para que pueda luchar e impedir que el amor llene el espacio que mantiene a tu hermano separado de ti. Mientras empuñes esa espada, no obstante, no podrás sino percibirte a ti mismo como a un cuerpo, pues te habrás condenado a estar separado de aquel que sostiene el espejo que refleja otra imagen de lo que él es, y, por ende, de lo que tú no puedes sino ser también.[9]

UCDM deja muy claro que cada encuentro con alguien es un encuentro con uno mismo y que nosotros somos los únicos responsables de cómo se desarrolle. Nos dice que los encuentros no son casuales, sino causales: aquí *UCDM* nos enseña una metafísica no dualista. Nos explica la ley de atracción, gracias a la cual siempre hallamos lo que buscamos, sin ser conscientes de ello. A lo que buscamos es a lo que prestamos atención, por eso es tan importante no hacer juicios y por eso se requiere entrenar la mente para estar atento a lo que esta piensa. No olvidemos que nuestra mente nunca descansa y que somos demasiado condescendientes con sus divagaciones.

Por eso *UCDM* afirma que cada encuentro debe ser santo; veámoslo:

Cuando te encuentras con alguien, recuerda que se trata de un encuentro santo. Tal como lo consideres a él, así te considerarás a ti mismo. Tal como lo trates, así te tratarás a ti mismo. Tal como pienses de él, así pensarás de ti mismo. Nunca te olvides de esto, pues en tus semejantes, o bien te encuentras a ti mismo, o bien te pierdes a ti mismo.[10]

Es sencillamente magistral y de una claridad meridiana. Si queremos avanzar en el autoconocimiento, nunca olvidemos la responsabilidad que tenemos en los encuentros.

No busquemos en parajes remotos, no busquemos en técnicas largas y complicadas. *UCDM* nos lo pone mucho más fácil:

> *Todo el mundo anda buscándose a sí mismo y buscando el poder y la gloria que cree haber perdido. Siempre que estás con alguien, tienes una oportunidad más para encontrar tu poder y tu gloria. Tu poder y tu gloria están en él porque son tuyos. El ego trata de encontrarlos únicamente en ti porque no sabe dónde buscar. El Espíritu Santo te enseña que si buscas únicamente en ti no podrás encontrar a ti mismo porque tú no eres un ente separado.[11]*

Aquí tenemos otra explicación metafísica de la percepción del mundo. Todos somos uno, no somos entes separados. Esto, el ego no lo sabe ni lo puede entender. El ego rechaza lo que ve en el otro, porque piensa que así lo puede perder, sin ser consciente de que así es como lo mantiene. El viaje más rápido hacia el autoconocimiento consiste en saber que siempre estás frente a ti mismo y que en muchas ocasiones ves una imagen especular, tu reflejo en el espejo.

«La Voluntad de Dios es que tú encuentres la salvación. ¿Cómo entonces no te iba a haber proporcionado los medios para encontrarla? Si Su Voluntad es que te salves, tiene que haber dispuesto que alcanzar la salvación fuese posible y fácil. Tienes hermanos por todas partes. No tienes que buscar la salvación en parajes remotos».

UCDM[12]

PROYECCIÓN

LA PROYECCIÓN

Solamente puedes verte a ti mismo. Proyectamos en los demás nuestras creencias, nuestros valores, nuestros miedos. Vemos en los demás nuestros juicios.

Siempre estamos proyectando nuestra sombra, aquella parte de nosotros que no queremos ver, que condenamos, que no aceptamos de nosotros mismos.

Podemos proyectar nuestra santidad, nuestra divinidad y adorar a los demás, cuando en realidad nos adoramos a nosotros mismos.

El *Curso* nos dice: «Verás tu valía a través de los ojos de tu hermano, y cada uno será liberado cuando vea a su salvador en el lugar donde antes pensó que había un agresor. (...) Este es tu papel en la consecución de la paz». (T-22.VI.8:1-3)

COMUNICACIÓN

SOLO TÚ PUEDES PRIVARTE
A TI MISMO

Solamente podemos vivir nuestra vida de dos maneras: desde la separatividad o desde la unidad. La primera opción nos conduce a pensar que debemos protegernos de todo lo externo; a creer en la casualidad, en la mala suerte, en los virus, las bacterias, el cáncer... A creer en la lucha para conseguir metas u objetivos; a creer que no hay para todos; que, si yo tengo, tú no tienes... A creer en el sacrificio, en el sufrimiento, en los problemas. La alternativa consiste, simplemente, en creer que formamos parte de un Todo que está en nosotros; que somos portadores de toda la información; que todas las posibilidades están en nosotros; que, cuando realizamos un trabajo, se nos proporcionan los medios para llevarlo a cabo; que todo tiene un sentido; que tenemos la capacidad de desarrollar nuestro potencial... Que nunca estamos solos por una razón muy simple: porque la Fuente que todo lo provee es el manantial de vida de Todo.

> *El mundo que ves es el sistema ilusorio de aquellos a quienes la culpabilidad ha enloquecido. Contempla detenidamente este mundo y te darás cuenta de que así es. Pues este mundo es el símbolo del castigo, y todas las leyes que parecen regirlo son las leyes de la muerte. Los niños vienen al mundo con dolor y a través del dolor. Su crecimiento va acompañado de sufrimiento y muy pronto aprenden lo que son las penas, la separación y la muerte. Sus mentes parecen estar atrapadas en sus cerebros, y sus fuerzas parecen decaer cuando sus cuerpos se lastiman. Parecen amar, sin embargo, abandonan y son abandonados. Parecen perder aquello que aman, la cual es quizá la más descabellada de todas las creencias. Y sus cuerpos se marchitan, exhalan el último suspiro, se les da sepultura y dejan de existir. Ni uno solo de ellos ha podido dejar de creer que Dios es cruel.[1]*

> *Si este fuese el mundo real. Dios sería ciertamente cruel. Pues ningún Padre podría someter a Sus Hijos a eso como pago por la salvación y al mismo tiempo ser amoroso. El amor no mata para salvar.[2]*

La creencia en la culpabilidad es la gran fuerza que nos hace vivir en la separación; la culpa clama castigo y este se debe conceder a la persona que lo pide. La culpabilidad es tan abrumadora que necesitamos librarnos de ella sea como sea, y como el ego se sustenta en la creencia en la separación, lo que hace es proyectar la culpa hacia fuera creyendo que de esta manera se libra de ella. Cuando hacemos esto, no somos conscientes de que así la alimentamos, de que le damos más y más fuerza. Entonces surge otra necesidad: la de protegernos. ¿De qué? De la proyección de la culpa de los demás. Si yo creo que puedo proyectar la culpabilidad, creo que me la pueden proyectar a mí. Mis esfuerzos entonces estarán encaminados a ofrecer la cara de la inocencia, la cara que revela mi sufrimiento por lo que me hacen los demás.

Cuando mi conducta se encamina por estos derroteros, me empobrezco, porque creo que todo lo que me ocurre procede del exterior. Debo protegerme de los demás; debo evitar que me vean como realmente soy, o creo que soy; debo ocultar mis «pecados», mis «defectos». Este tipo de pensamiento es agotador, destruye las defensas corporales, la mente se agita, angustiada, sufro por lo que creo que puede sucederme. Entonces procuro aislarme, y este aislamiento sigue potenciando mi creencia en la soledad, mi miedo a estar solo.

Tenemos que hacer una inversión de pensamiento: dejar de echar la culpa a los demás y, por supuesto, a nosotros mismos. «La culpa tiene que ser deshecha, no verse en otra parte».[3] Esta inversión de pensamiento, que es uno de los objetivos del *Curso*, implica poner una férrea atención en cómo el ego utiliza nuestra mente. Sin la creencia en la culpa, el ego no puede vivir. Podemos pasar por fases dolorosas, pero también hemos de tener en cuenta que el dolor es siempre emocional y nos duele porque tenemos que liberarnos de nuestras necesidades egotistas.

El miedo es siempre un síntoma de nuestra profunda sensación de pérdida. Aquí una de las causas de nuestra privación. El miedo alimenta la creencia en la separación, en una posible falta, en la escasez. Cuanto más tememos, más egoístas nos volvemos. Miedo a no tener, miedo a perder, qué más da… Lo importante para el ego es que tengas miedo. No vemos que nuestro miedo se alimenta del miedo; es como echarle gasolina al fuego.

Cuando invertimos el pensamiento y nos percatamos de que nosotros somos los proveedores de nuestras desgracias, de nuestros problemas, en definitiva de nuestra escasez, entonces sabemos dónde está la liberación.

Como nos dice *UCDM*:

> *El Espíritu Santo ve la situación como un todo. El objetivo establece el hecho de que todo aquel que esté involucrado en la situación desempeñará el papel que le corresponde en la consecución del mismo.*[4]

> *La creencia de que es posible perder no es sino el reflejo de la premisa subyacente de que Dios está loco. Pues en este mundo parece que alguien tiene que perder* porque *otro ganó.*[5]

> *Siempre que consientes en sufrir, sentir privación, ser tratado injustamente o tener cualquier tipo de necesidad, no haces sino acusar a tu hermano de haber atacado al Hijo de Dios.*[6]

Al hacer la inversión de pensamiento, entendemos que aquello que los demás parecen hacernos, en realidad nos lo hacemos nosotros a través de ellos. Todos somos uno, todos estamos unidos, somos una parte del todo.

Veamos esto desde otra perspectiva: ¿quién no ha experimentado frustración alguna vez tras orar o hacer una petición al Cielo?

UCDM nos lo dice con mucha claridad: no sabemos pedir, pedimos desde la necesidad, y entonces solo se nos pueden dar circunstancias en las que nos sentimos necesitados. La Divinidad no tiene la capacidad de juzgar. Es más, Ella no es dual, Ella posee una mente holística, una Mente Una. Ella alberga las infinitas posibilidades de cada instante que vivimos. Si repetimos historias, es porque repetimos sentimientos y creencias. La mente dividida no se puede comunicar, porque habla de cosas diferentes a la Mente. Vive en el temor, en la carencia. En definitiva: en el miedo. Por eso, cuando pedimos con esta mente, la Mente no nos entiende.

La mente dividida es confusa, piensa que sabe lo que es mejor para ella, piensa que puede encontrar solución a cualquier problema. Es más, está convencida de que esto es siempre así. No se plantea que, quizás, lo mejor para uno mismo es lo opuesto de lo que desea.

Pongamos un ejemplo cotidiano: quiero dejar un trabajo, por ejemplo, porque mi jefe es una persona injusta, intolerante e inflexible. Me siento víctima de unas circunstancias, creo que merezco algo mejor —en esto estoy de acuerdo— y elevo una plegaria en este sentido. No me doy cuenta de que estoy haciendo un juicio que alimenta la separatividad —la mente dividida—. Esto crea confusión a la Mente, y cuando logro encontrar otro trabajo, resulta que el jefe repite las mismas pautas del que tuve en la empresa anterior.

Recuerdo una historia de una paciente mía: ella tenía una relación de víctima/victimario con su pareja. Él bebía y la maltrataba. Consiguió separarse y al cabo de poco tiempo tenía otra pareja, que, curiosamente, bebía y la maltrataba. El primer impulso es pensar: «¡Pobrecita, qué mala suerte!». Pero hay que buscar las causas sin juzgar. Al analizar su árbol genealógico, vi que ella era el doble de su padre, por sus fechas de nacimiento, y que su padre había sido bebedor y había maltratado a toda la familia. Repetía programas, pues sus parejas también tenían que ver con el padre. Para su inconsciente, las parejas eran el padre que había querido tener y nunca tuvo. ¿Qué hay que hacer en un caso así? Lo primero es tomar conciencia de que no somos víctimas de las circunstancias que vivimos. Luego, preguntarnos para qué las vivimos. La respuesta es: para sanar nuestras creencias en la falta, en la soledad, en el abandono, en la desvalorización. Después, hemos de bendecir a quien que nos hace vivir esas circunstancias, y perdonarnos a nosotros mismos por atraerlas a nuestras vidas y hacernos daño a través de ellas.

Recuerdo que un joven un día me dijo: «Todas las mujeres que me encuentro son iguales; lo único que cambia son sus nombres». Le pregunté cuáles eran estas características comunes. Me respondió: «Son muy controladoras. Siempre están encima de mí; no me dejan ni respirar». Mi siguiente pregunta fue: «¿Y tu madre cómo es?». Su respuesta fue tajante: «Ella un día me dijo: "Si fuera por mí, te encerraría en un armario lleno de algodones y no te dejaría salir"». Sin comentarios. Hablaremos más delante de las relaciones especiales.

Pedir al Espíritu Santo una relación mejor, un trabajo mejor, que mi madre me quiera, que mi hijo deje a esa novia que tiene, que mi marido o mi mujer cambie… esto simplemente es no pedir.

Solo cuando estamos muy desesperados decimos algo realmente verdadero: «Señor, hágase tu Voluntad».

Por eso *UCDM* afirma:

> *El hecho mismo de que percibas la Voluntad de Dios —que es lo que tú eres— como algo temible, demuestra que tienes miedo de lo que tú eres. Por lo tanto, no es de la Voluntad de Dios de lo que tienes miedo, sino de la tuya.*[7]

> *Tal vez insistas en que el Espíritu Santo no te contesta, pero quizá sería más prudente examinar qué clase de peticionario eres.*[8]

> *Cuando le pides al Espíritu Santo lo que te podría hacer daño Él no puede contestarte porque no hay nada que te pueda hacer daño y, por lo tanto, no estas pidiendo nada. Cualquier deseo que proceda del ego es un deseo de algo que no existe, y solicitarlo no constituye una petición.*[9]

En esta última cita, se dice claramente que ninguna petición del ego puede ser escuchada. Conviene recordar que estas se basan siempre en la necesidad y en el deseo de que las cosas sean como nos gustaría, y esto es algo que ni siquiera Dios hace. Dios no puede atacar la voluntad de Su Hijo, porque fue Su Voluntad que Su Hijo viviera en función de su realidad, por eso, solamente tú puedes privarte de algo.

Como el Espíritu Santo sabe que siempre nos proyectamos en los demás, nos enseña y nos da respuesta a nuestras oraciones a través de ellos. El *Curso* pone mucho énfasis en ello, y yo lo explico a lo largo de todo este libro. La percepción es la que tiene que ser curada, eso es precisamente lo que más necesitamos. El *Curso* nos señala la manera de hacerlo: lo más importante, como ya he repetido y seguiré repitiendo, es *no hacer juicios*.

UCDM nos dice:

> *Parece que es la percepción la que te enseña lo que ves. Sin embargo, lo único que hace es dar testimonio de lo que tú enseñaste. Es el cuadro externo de un deseo: la imagen de lo que tú querías que fuese verdad.*[10]

> *Solo puedes hacerte daño a ti mismo. Hemos repetido esto con frecuencia, pero todavía resulta difícil de entender.*[11]

Por eso el *Curso* nos anima a entender y a practicar este principio: según cómo pedimos, así recibiremos. Cuando pedimos algo a través del ego, no podemos ser escuchados, porque pedimos lo imposible. Hay que pedir de una forma incondicional, hay que pedir entregando la solución de nuestro problema, con la certeza de que la ofrecida será la mejor para todos; sabiendo que cada uno recibirá en función de sus propios pensamientos y creencias, y que no tenemos derecho a desear que las circunstancias de los demás sean diferentes.

Por eso *UCDM* afirma:

> *La respuesta a todas tus oraciones reside en ellos. Recibirás la respuesta a medida que la oigas en todos tus hermanos. No escuches nada más, pues, de lo contrario, no estarás oyendo correctamente.*[12]

> *Nunca olvides, por consiguiente, de que eres tú el que determina el valor de lo que recibes, y el que fija el precio de acuerdo con lo que das. Creer que es posible obtener mucho a cambio de poco es creer que puedes regatear con Dios. Las leyes de Dios son siempre justas y perfectamente consistentes. Al dar, recibes. Pero*

recibir es aceptar, no tratar de obtener algo. Es imposible no tener, pero es posible que no sepas que tienes.[13]

Así pues, solo puedes pedirle algo al Espíritu Santo dándole algo, y solo puedes darle algo allí donde lo reconoces. Si reconoces al Espíritu Santo en todos, imagínate cuánto le estarás pidiendo y cuánto habrás de recibir.[14]

En estas últimas citas de *UCDM*, se nos enseña cómo pedir y que la respuesta que obtengamos de nuestros hermanos estará en función del valor que les otorguemos; al final se nos enseña la máxima petición y la máxima valoración.

A modo de resumen, recordemos que, al pedir algo, debemos ser totalmente conscientes de nuestra plenitud y aceptar que se nos dé lo que sea mejor para todos. Por ello, cuando decimos: «Señor, hágase tu santa Voluntad y no la mía», formulamos una petición consciente, pues reconocemos que no sabemos qué es mejor.

LA INVERSIÓN CAUSA-EFECTO

Nuestro mundo, el mundo en el cuál creemos vivir, se basa precisamente en la relación causa/efecto. De dónde localicemos la causa dependerá nuestra percepción del mundo y, por supuesto, nuestra conducta.

Quisiera transmitir con claridad y precisión lo importante que es esto: lo que yo crea que es la causa de algo determinará mi forma de vivir. No hay término medio, no se puede servir a dos amos: atribuyo la causa de lo que me ocurre al exterior o al interior. No hace falta que diga que el ego siempre busca excusas para todo y pone mucho énfasis en remarcar que mi comportamiento se basa en las cosas que me hacen. Funciona con premisas como estas: «Tú eres la causa de lo que hago»; «mis enfermedades son producidas por tu comportamiento»; «si tú hicieras o no hicieras tal cosa, Yo sería más feliz». Decimos cosas como: «Me pones enfermo»; «me sacas de quicio»; «tu comportamiento me irrita»; «no me dejas vivir»; «tu indolencia me altera»; «es imposible vivir contigo»; «siempre me haces sufrir»; «así me pagas todo mi sacrificio»; «todo lo hago por tu bien»; etcétera.

Como podemos ver, la causa de todo está en el otro. Ni siquiera nos planteamos por qué vivimos o nos relacionamos con este otro. No nos cuestionamos a nosotros mismos, siempre a los demás.

UCDM lo deja claro a lo largo del libro de «Texto». Es más, nos recuerda que el ego utiliza el pasado para justificar nuestras conductas en el presente. Para el ego el pasado es el recuerdo de viejas heridas, abriga resentimientos ocultos que acaban emergiendo en forma de enfermedades y relaciones adictivas. Relaciones que el *Curso* llama de «odio especial» o de «amor especial». Todas ellas se sustentan en la proyección de la culpabilidad. El ego siempre busca la fuente de la culpa fuera; busca la causa de todos sus malestares fuera, y también la causa de su felicidad. Por eso, siempre se está ocupando —como dice *UCDM*— de nimiedades.

Con esta forma de pensar, el victimismo es la conducta preferida del ego. Nos aleja de las responsabilidades, nos mantiene con una mentalidad de adolescentes, buscando a alguien que nos solucione los problemas. Nos impide hacernos adultos emocionales —adultos de Dios—.

Si queremos cambiar los efectos de esta forma de pensar, es imprescindible que utilicemos la memoria de otra manera. Una memoria que nos recuerde que la decisión de atribuir algo a alguien es nuestra, y que esto puede cambiar.

Un adulto emocional buscará en sí mismo la causa de los efectos que lo afectan. No buscará excusas; no se sentirá víctima y, por supuesto, no se sentirá culpable.

Comprenderá que el ego busca culpar a Dios de todas nuestras desventuras. Deshará la creencia en que «si Dios existiera, no permitiría que ocurrieran ciertas cosas» y la reemplazara por la creencia en que «todo lo que ocurre es gracias a Dios», pues Él nos provee de la capacidad de elegir —en otro capítulo hablaré del poder de elegir—. Un adulto emocional cambiará un recuerdo doloroso por una enseñanza sublime. Comprenderá que, como la causa está en sí mismo, puede cambiar los efectos.

Nosotros somos la causa de nuestros efectos: he aquí una enseñanza que nos libera, una verdad que no todo el mundo está dispuesto a asumir. Es una llamada a la responsabilidad, a dejar el victimismo, a comprender que la culpa no existe y que puede ser deshecha, que «dormíamos» y esto nos impedía «despertar» a la verdad de que somos la causa de todo. Por fin podremos cambiar los efectos, por fin podremos dejar atrás nuestros males, por fin podremos pasar a la acción y liberarnos de la creencia de que podemos hacer daño a los demás y de que estos nos pueden dañar. Cuando integramos esta enseñanza, «estamos curados» —obviamente a nivel mental—, pues, al no proyectar la culpa, esta se libera en nosotros. Se trata de un trabajo continuo, consistente en deshacer la causa en nosotros mediante este conocimiento, y, al hacerlo, esto es lo que recibimos de los demás.

> *Por lo tanto, aquellos que han sido perdonados deben dedicarse en primer lugar a curar, pues al haber aceptado la idea de curación, deben compartirla para así conservarla.*[1]

> *La memoria, al igual que la percepción, es una facultad que tú inventaste para que ocupase el lugar de lo que Dios te dio en tu creación. (…) Se puede utilizar para sanar y no para herir, si ese es tu deseo.*[2]

> *El uso que el Espíritu Santo hace de la memoria no tiene nada que ver con el tiempo. El Espíritu Santo no la utiliza como un medio para conservar el pasado, sino como una manera de renunciar a él. La memoria retiene los mensajes que recibe, y hace lo que se le encomienda hacer.*[3]

> *Y si parece servir para abrigar un viejo odio y presentarte escenas de injusticias y de resentimientos que has estado guardando, ese es el mensaje que le pediste, y eso es lo que es.*[4]

> *Es imposible poder cambiar nada en el presente si su causa se encuentra en el pasado.*[5]

No se pueden entender las palabras del *Curso* con una mente dividida. Con una mente holística son muy comprensibles, porque sabemos que pasado, presente y futuro son y están en un mismo instante; que todo es un eterno ahora y que solo nuestra mente dividida nos hace percibir el tiempo separado. Por eso podemos cambiar nuestra percepción en un teórico pasado, porque este se halla en el presente y está dictando nuestras decisiones erróneas, basadas en la percepción de la mente dividida.

UCDM afirma: «Lo que tú recuerdas nunca sucedió, pues procedió de una ausencia de causa, que tú pensaste que era una causa».[6] Esta frase nos enseña que podemos cambiar la percepción de lo ocurrido y así transformar las emociones. Al hacerlo, sanamos la mente, liberándola de preocupaciones, sinsabores, afrentas, disgustos, etcétera. Podemos hacerlo porque ya no atribuimos la causa a los demás, a situaciones externas, sino a nosotros mismos. He repetido y repetiré que una de las cosas que más necesitamos es sanar nuestras percepciones. Esta también es una enseñanza crucial del *Curso*.

Hay que tener una mente no dual, una mente metafísica que comprenda que todo es Uno y que nosotros atraemos las circunstancias de nuestras vidas. Las atraemos de forma inconsciente, por eso es tan importante aplicar las premisas del *Curso*, para despertar y ser conscientes de esta gran verdad. Al atribuirnos a nosotros mismos la causa, somos libres de cambiar los efectos. Esta es la verdad que nos hará libres.

Sigamos con lo que nos dice *UCDM*:

> *El milagro te recuerda una Causa que está eternamente presente y que es inmune al tiempo y a cualquier interferencia. Dicha Causa nunca ha dejado de ser lo que es. Y tú eres Su efecto, tan inmutable y perfecto como Ella Misma.*[7]

Como vemos, *UCDM* nos recuerda que tenemos una Causa cuyo efecto somos nosotros. La Causa de nuestra existencia no es el azar; es la inteligencia. Cuando la inteligencia crea, siempre tiene un propósito, y este somos nosotros, que en realidad somos Uno solo.

Nos podemos manifestar en múltiples efectos, porque, al ser nosotros el efecto de una Causa pluripotencial, de infinitas posibilidades, podemos crear también de diferentes formas. Esta diversidad creativa nos ha llevado a sentirnos diferentes y a olvidar la Causa Primigenia. Al hacerlo, trasladamos la causa de nuestras circunstancias precisamente a nuestras creaciones, y creemos que estas son las que producen los efectos indeseados, tales como la enfermedad, el infortunio o la carencia.

> *Cuando memorias de viejos rencores vengan a rondarte, recuerda que su causa ya desapareció.*[8]

> *Sin causa no puede haber efectos, mas sin efectos no puede haber causa. Lo que* hace *que una causa sea una causa son sus efectos; el Padre es Padre por razón de Su Hijo. (…) Y* puesto que *es Hijo de Dios, tiene que ser a su vez un padre, que crea tal como su Padre lo creó a él. El círculo de creación no tiene fin.*[9]

Atención a nuestras creaciones: serán creaciones si pensamos con el Espíritu Santo y serán fabricaciones si lo hacemos desde el ego.

Cuando fabricamos a través del ego, estamos dormidos. Somos soñadores de un sueño que creemos real y, no podemos hacer nada, salvo tener miedo de lo que nos pueda ocurrir en el sueño.

Por eso *UCDM* nos dice: «El milagro no te despierta, sino que simplemente te muestra quién es el soñador. Te enseña que mientras estés dormido puedes elegir entre diferentes sueños, dependiendo del propósito que le hayas adscrito a tu soñar».[10] Démonos cuenta de lo importante que es esta premisa: nosotros somos los soñadores y, si nos hacemos conscientes de ello, seguimos soñando, pero podemos elegir qué tipo de sueños queremos. Esto también nos enseña que somos la causa de nuestros sueños y que el sueño que vivimos es el efecto. Por eso el *Curso* nos pregunta qué tipo de sueños deseamos: de curación o de muerte. Obviamente, debemos elegir entre sueños de perdón o de culpabilidad.

Y sigue *UCDM* con la enseñanza: «El soñador de un sueño no está despierto ni sabe que duerme. En sus sueños tiene fantasías de estar enfermo o sano, deprimido o feliz, pero sin una causa estable con efectos garantizados».[11] «El milagro establece que estás teniendo un sueño y que su contenido no es real. Este es un paso crucial a la hora de lidiar con ilusiones. Nadie tiene miedo de ellas cuando se da cuenta de que fue él mismo quien las inventó. Lo que mantenía vivo al miedo era que él no veía que él mismo era el autor del sueño y no una de sus figuras».[12]

El milagro nos enseña que nuestro hermano no nos hizo daño, nos enseña que él es el simple ejecutor de una causa que se halla escondida en nuestro inconsciente, de una causa que se alimenta de creencias. Esto nos permite analizar la situación considerándonos la causa y preguntarnos qué pensamientos, sentimientos y emociones no expresadas albergamos, pues son estos lo que nos hacen perder la coherencia emocional y nos provocan dolor.

> *El milagro te devuelve la causa del miedo a ti que lo inventaste. Pero también te muestra, que, al no tener efectos, no es realmente una causa porque la función de lo causativo es producir efectos. Y allí donde los efectos han desaparecido, no hay causa. De este modo, el cuerpo se cura gracias a los milagros, ya que estos demuestran que la mente inventó la enfermedad y que utilizó el cuerpo para ser la víctima, o el efecto, de lo que ella inventó.*[13]

Y entonces… ¡oh, milagro!... la mente se libera porque reconoce que: «Nadie me está haciendo esto a mí, sino que soy yo quien me lo estoy haciendo a mí mismo».[14]

«*¿Cuán dispuesto estás a perdonar a tu hermano? ¿Hasta qué punto deseas la paz en lugar de los conflictos interminables, el sufrimiento y el dolor?*».

UCDM[15]

Dibujo de Montserrat Adell, perteneciente al Instituto Español de Bioneuroemoción.

LA CULPABILIDAD

La culpabilidad hace que el tiempo exista y que lo vivamos como lineal. Ello es debido a que si te sientes culpable, necesitas tiempo para recibir el castigo.

En realidad, al sentirnos culpables repetimos las historias continuamente como una vulgar noria.

El ego no puede tolerar que te liberes del pasado, pues para él el presente solamente es un recordatorio de viejas heridas y de viejos rencores. De esta manera, el ego proyecta el pasado a tu futuro y repites las historias una y otra vez.

Ello ocurre porque estás atrapado en la rueda de la culpabilidad.

LAS RELACIONES ESPECIALES

¿QUÉ DEBEMOS ENTENDER POR RELACIONES ESPECIALES?

Todos y cada uno de nosotros establece, consciente o inconscientemente, relaciones con determinadas personas o entidades, con las cuales nos sentimos más o menos identificados. Las identificaciones con ciertas personas e instituciones son las proyecciones de nuestras creencias. Por eso pensamos que alguien nos puede dar la felicidad o nos la puede quitar. Empatizamos con aspectos de lo que creemos que es nuestra realidad, sufrimos o somos felices con esa realidad y establecemos relaciones con las personas que forman parte de ella. *UCDM* las llama relaciones de odio especial y de amor especial.

> *Unirse al sufrimiento de otro es la interpretación que el ego hace de la empatía, de la cual siempre se vale para entablar relaciones especiales en las que el sufrimiento se comparte.[1]*

> *La prueba más clara de que la empatía, tal como el ego la usa, es destructiva, reside en el hecho de que solo se aplica a un determinado tipo de problemas y a ciertos individuos.[2]*

> *El ego utiliza la empatía para debilitar, y debilitar es atacar.[3]*

Como vemos, el *Curso* nos deja muy claro que el ego siempre busca separación, que es la causa de nuestro dolor. Nos unimos al sufrimiento, pero no a todo, sino a una parte. Ello se debe a que proyectamos nuestra culpa inconsciente y creemos que de alguna forma, el sufrimiento nos redime.

Las relaciones especiales buscan una parte de la proyección para unirse a ella y afirmar así el propio comportamiento y sus creencias, para respaldar su verdad. Por eso establecemos uniones especiales que nos refuerzan. Nos incorporamos a grupos que luchan contra la guerra, que luchan contra tal o cual enfermedad. Nos unimos a personas que creemos que pueden solucionar nuestros males y necesidades; establecemos relaciones especiales entregándoles nuestro poder. Alguien que me puede curar, alguien que me puede salvar... Muchas veces, seguimos a ciegos conductores de ciegos que nos dicen qué debemos hacer o dejar de hacer.

Existen relaciones biológicas, las uniones que establece el inconsciente biológico con nuestras familias, con nuestros padres e hijos. Pero, muchas veces, estas relaciones biológicas se convierten en especiales, en relaciones adictivas. Por ejemplo, en el caso de un padre ausente, que nunca está en casa y, si está, es como si no estuviera. La madre proyecta su necesidad biológica de estar con su compañero en su hijo y este con su madre. Se lo llama complejo de Edipo, un amor incestuoso escondido en el inconsciente. Más adelante, cuando el hijo busca una mujer, intenta sustituir a su madre, y su esposa muchas veces piensa que no sabe si se ha casado con su esposo o con la madre de este. Este es solamente un ejemplo de relación especial; hay muchos otros en los que la persona se mantiene unida a otras o a situaciones de una forma irracional, sin darse cuenta de que ha establecido una relación especial.

No cabe duda de que los que eligen a algunas personas como pareja en cualquier aspecto de la vida, y se valen de ellas para cualquier propósito que no desean compartir con nadie, están tratando de vivir con culpabilidad en vez de morir de ella. (...) Para ellos el amor es solo un escape de la muerte.[4]

Si buscas amor fuera de ti, puedes estar seguro de que estás percibiendo odio dentro de ti y de que ello te da miedo.[5]

Como podemos ver, *UCDM* es contundente, no hay ambigüedades, las cosas son como son. Si buscamos el amor fuera, es porque creemos que estamos solos. Tememos la soledad, el abandono, la carencia. Buscamos en el otro lo que creemos que nos falta y, por ello, establecemos una relación especial. Haremos todo lo posible para mantenerla, pues pensamos que, si la perdemos, sufriremos. Las relaciones especiales siempre se sustentan en nuestra necesidad. Buscamos en el otro aquello que no sabemos darnos a nosotros mismos.

La relación especial comporta mucho dolor, porque detrás siempre está el miedo a la pérdida, que nos hace sufrir. Por ello, para mantener la relación especial jugamos a la culpa: siempre intentamos que el otro se sienta culpable, porque así dominamos su voluntad. Cuando el otro siente culpa, hace todo lo posible para liberarse de ella y entonces obra como no quiere, para mantener esa relación especial. Cabe destacar que el proceso de infundir culpa en el otro no es consciente, pues surge de los programas sustentados por el miedo.

Nadie considera raro amar y odiar al mismo tiempo, y aun los que creen que odiar es un pecado, simplemente se sienten culpables por ello, pero no hacen nada por corregirlo. Esto es lo que es «normal» en la separación, y aquellos que aprenden que no es normal en absoluto, parecen ser los que no son normales. Pues este mundo es lo opuesto al Cielo, al haber sido concebido para ser su opuesto, y todas las cosas aquí son exactamente lo opuesto a la verdad.[6]

Es esencial para la supervivencia del ego que tú creas que el especialismo no es el infierno, sino el Cielo.[7]

> *La convicción de pequeñez se encuentra en toda relación es-*
> *pecial, ya que solo los que se consideran a sí mismos necesitados*
> *podrán valorar el especialismo.*[8]

Cada miembro de una relación especial cree que debe sacrificar algo de su yo para que el otro haga lo mismo. Esto es sumamente peligroso, porque cada uno puede percibir que el otro le exige más de lo que él le pide. Por eso, *UCDM* nos enseña que ese sacrificio que hacemos para que triunfe el amor, a la larga, se convierte en un amargo resentimiento. Entonces, se dicen frases como «mira como me pagas todo lo que te he dado durante estos años» o «lo hago todo por mi familia y nunca me lo agradecen». Las relaciones especiales se basan en dar para obtener. Se alimentan del miedo a la soledad, de las creencias en el sacrificio y el sufrimiento. Son los pilares que sostienen la relación y son la causa por la que soportamos maltratos y vejaciones de toda índole... «No sea que me abandone y me muera en la soledad».

> *Cuando ambos miembros de la relación especial ven en el*
> *otro ese yo especial, el ego «ve una unión bendecida en el Cielo».*[9]

> *La convicción de pequeñez se encuentra en toda relación es-*
> *pecial, ya que solo los que se consideran a sí mismos necesitados*
> *podrían valorar el especialismo.*[10]

> *El amor es libertad. Ir en su busca encadenándote a ti mismo*
> *es separarte de él. ¡Por el Amor de Dios, no sigas buscando la*
> *unión en la separación ni la libertad en el cautiverio!*[11]

Sufrimos una conmoción al descubrir que nuestras relaciones son atraídas por los programas del inconsciente —programas del pasado, programas de nuestros ancestros— y que, en muchos casos estas relaciones representan una venganza contra el pasado.

Veamos algunas de las características que conforman una relación especial:

- Responde al fin que tú le asignas, y no al que le es propio.
- Procuras obtener algo de ella, en vez de aportar algo a ella.
- Te preocupas de lo que el otro hace, en vez de preocuparte de ti. Te obsesionas con el otro.
- El «mal de amores»: te amas en función de cómo te ama. Vives fantasías.
- Esperas que te «demuestre» que te ama. Pides o te pide un cambio de conducta.
- No te enamoras auténticamente de la otra persona, porque no estás enamorado de ti mismo.
- No honras tus sentimientos.
- Olvidas que el mayor bien es el que te haces a ti mismo y que este bien repercute en el otro. Permites los maltratos.
- Amar no quiere decir que los demás hagan lo que quieran.

RELACIONES DE ODIO ESPECIAL

Tener enemigos es esencial para el plan de salvación del ego. Para que su plan funcione, necesita tener enemigos y considera como tal a quienes tengan valores y creencias diferentes. Todo lo que no se parezca a lo nuestro se convierte en un posible enemigo. Nos alzamos como abanderados de las buenas costumbres y nos organizamos en partidos políticos, en instituciones, en religiones. Erigimos líderes políticos para que se opongan a otros líderes, a los que culpamos de nuestras desgracias. Así evitamos buscar la responsabilidad en nosotros mismos. Establecemos ejes del bien y ejes del mal, sin darnos cuenta de que cada eje proyecta su sombra en el otro. Acusamos a otros de ser fundamentalistas y no vemos nuestro propio fundamentalismo.

UCDM nos dice en el «Libro de ejercicios»:

> *La ira puede manifestarse en cualquier clase de reacción, des-*
> *de una ligera irritación hasta la furia más desenfrenada. El gra-*
> *do de intensidad de la emoción experimentada es irrelevante. Te*
> *irás dando cuenta cada vez más de que una leve punzada de mo-*
> *lestia no es otra cosa que un velo que cubre una intensa furia.[12]*

Para mantener estas relaciones de odio especial, debemos formar agrupaciones con quienes tienen pensamientos parecidos a los nuestros, para autoafirmarnos como dueños de la razón y para intentar demostrar que nuestros valores son mejores que los de los demás.

¡Cuántas veces hemos sentido a miembros de diversas confesiones religiosas proclamar que su verdad es la verdadera o que es mejor que la de los demás! Así afirman que no todos pueden entrar en el Reino de los Cielos.

En todas las relaciones de odio especial, el ego busca un chivo expiatorio para proyectar nuestras culpas.

> *Solo los que se creen especiales pueden tener enemigos, pues*
> *creen ser diferentes y no iguales.[13]*

> *Pues ser especial no solo separa, sino que también sirve como*
> *base desde la que el ataque contra los que parecen ser «inferio-*
> *res», es «natural» y «justo».[14]*

> *El deseo de ser especial de tu hermano y el tuyo son enemigos,*
> *y en su mutuo odio están comprometidos a matarse el uno al otro*
> *y a negar que son lo mismo.[15]*

> *Tu deseo de ser especial es lo que se ve atacado por todo lo que*
> *camina o respira, se arrastra o se desliza, o simplemente vive.[16]*

RELACIONES DE AMOR ESPECIAL

Las relaciones de amor especial consisten en buscar a hermanos que suplan nuestras carencias. Se basan en la unión de dos personas con la intención de que cada una de ellas llene el vacío que la otra cree tener. Son relaciones nacidas del miedo a la escasez y a la falta. Dependemos de los demás para subsistir, creemos que sin ellos la vida no tiene sentido. Olvidamos que formamos parte de la Fuente y que ella nos provee todo lo que necesitamos.

Son relaciones nacidas del egoísmo: esperamos que el otro nos dé lo que creemos que nos falta. El *Curso* lo dice muy claramente:

> *No hay nadie que venga aquí que no abrigue alguna espe-*
> *ranza, alguna ilusión persistente o algún sueño de que hay algo*
> *fuera de sí mismo que le puede brindar paz y felicidad. Si todo*
> *se encuentra en él, eso no puede ser verdad. Y así, al venir a este*
> *mundo, niega su propia verdad y se dedica a buscar algo que*
> *sea más que lo que lo es todo, como si una parte de este todo*
> *estuviese separada y se encontrase donde el resto no está. Este es*
> *el propósito que le confiere al cuerpo: que busque lo que a él le*
> *falta y que le provea de lo que le restauraría su plenitud. Y así,*
> *vaga sin rumbo, creyendo ser lo que no es, en busca de algo que*
> *no puede encontrar*[17]

Toda esta culpa inconsciente y ancestral nos hace vivir un continuo de relaciones especiales que nos permiten proyectar la ira al exterior, agazapados tras nuestra relación de amor especial. Esta se alza como una muralla frente a los enemigos que vemos en el exterior. Cuando tenemos una relación de amor especial, creemos que Dios nos ama especialmente.

Tal como vengo diciendo y el *Curso* nos enseña, «el sufrimiento y el sacrificio son los regalos con los que el ego "bendice" toda unión. Y aquellos que se unen ante su altar aceptan el sufrimiento y el sacrificio como precio de su unión. En sus iracundas alianzas, nacidas del miedo a la soledad...».[18] El *Curso* pone énfasis en la ira como la manera de establecer una relación especial:

> *Cada vez que te enfadas, puedes estar seguro de que has entablado una relación especial que el ego ha «bendecido», pues la ira es su bendición. La ira se manifiesta de muchas formas, pero no puede seguir engañando por mucho tiempo a los que se han dado cuenta de que el amor no produce culpabilidad en absoluto, y de que lo que produce culpabilidad no puede ser amor, sino ira. La ira no es más que un intento de hacer que el otro se sienta culpable...*[19]

Ya he hablado de la importancia del sacrificio en nuestra sociedad y en nuestra cultura. Parece que sin este concepto en nuestras mentes no podemos vivir ni relacionarnos. Pero, cuando vemos que alguien se sacrifica «por los otros», eso no deja de ser una percepción nuestra. Lo consideramos un sacrificio porque así lo viviríamos si lo tuviéramos que hacer nosotros.

No hablo de hacer o no hacer, sino de cómo y para qué obramos. Puede ser necesario hacer un esfuerzo, pero esto es muy diferente a hacer un sacrificio. El sacrificio es un acto egoísta muy bien protegido por el ego, que nos hace creer que obramos por el bien de los demás, cuando en realidad lo hacemos por nuestro propio bien. Nos sacrificamos cuando creemos que de esa manera podemos cambiar algo, esperamos que, gracias a nuestro sacrificio, el otro cambie. Es más: ahora mismo, mientras lees esto, «...no puedes aceptar el hecho de que el sacrificio no aporta nada».[20] «El sacrificio es un elemento tan esencial en tu sistema de pensamiento, que la idea de salvación sin tener que hacer algún sacrificio no significa nada para ti. Tu confusión entre lo que es el sacrificio y lo que es el amor es tan aguda que te resulta imposible concebir amor sin sacrificio.[21]

Y de lo que debes darte cuenta es de lo siguiente: «El sacrificio no es amor, sino ataque».[22] Y sigue *UCDM* con el tema del sacrificio: «Crees que todo el mundo exige algún sacrificio de ti, pero no te das cuenta de que eres tú el único que exige sacrificios, y únicamente de ti mismo».[23] Cuando hacemos algo con un verdadero sentimiento de amor, no nos pesa, sale directamente de nuestro corazón, dejamos que la Sabiduría universal guíe nuestros pasos. Sabemos que, cuando queremos ayudar, en realidad estamos pidiendo ayuda; sabemos que solamente hacemos las cosas por nosotros mismos, muchas veces para llenar un vacío que sentimos en nuestro interior. Creemos amar a los demás, pero en el fondo esperamos que estos nos amen. Buscamos reconocimiento, porque nos sentimos desvalorizados. Cargamos con programas muy duros que nos dicen que no hemos sido deseados, programas heredados de nuestros ancestros. Cuando nos hacemos conscientes de ello, liberamos los «pecados» de nuestros padres. Todos estos sentimientos nos llevan a establecer las relaciones especiales de las cuales he hablado hasta aquí.

> *Tú que crees que el sacrificio es amor debes aprender que el sacrificio no hace sino alejarnos del amor. (…) La culpabilidad es la condición que da lugar al sacrificio, de la misma manera que la paz es la condición que te permite ser consciente de tu relación con Dios.*[24]

LA RELACIÓN SANTA

Para que nuestras relaciones especiales se vuelvan relaciones santas, es imprescindible utilizar la empatía de otra manera. El Espíritu Santo nos ilumina y nos guía para conseguirlo. Lo primero es evitar unirnos al sufrimiento de los demás, pues al hacerlo —como ya he dicho— lo reforzamos.

El Espíritu Santo nos enseña a no unirnos al dolor, a no reforzar la creencia en la separación que tiene nuestro hermano.

Nos enseña que, en toda relación, lo primero que tenemos que hacer es aportar y no esperar recibir, y para saber qué debemos aportar, hemos de pedir inspiración.

También nos enseña a no juzgar, porque así nos liberamos de vivir relaciones de culpabilidad como consecuencia de nuestros juicios anteriores. Podemos terminar cualquier relación, pero debemos hacerlo en paz, sin resentimientos, con agradecimiento por la enseñanza que hemos recibido. De esta manera, nuestra próxima relación estará libre del pasado y nacerá con el presente en el cual la vivamos.

El siguiente pasaje del *Curso,* para mí, es extraordinario y me transmite una paz y una tranquilidad que no son de este mundo:

> *El Espíritu Santo jamás ha dejado de resolver por ti ningún problema que hayas puesto en Sus manos, ni jamás dejará de hacerlo. Cada vez que has tratado de resolver algo por tu cuenta, has fracasado.*[25]

> *El Espíritu Santo solo te pide este pequeño favor: que cada vez que tus pensamientos se desvíen hacia una relación especial que todavía te atraiga, te unas a Él en un instante santo y ahí le permitas liberarte.*[26]

Cuando dice «una relación especial que todavía te atraiga», se refiere a esas relaciones de «sí, pero no», «ahora te veo, ahora no», «me separo de ti, pero nos vemos de vez en cuando», en fin: una relación adictiva. A lo largo de mi experiencia clínica, he visto como esas relaciones de dolor y sufrimiento provocan inestabilidad y causan estragos en los cuerpos de muchas mujeres, sobre todo cáncer de mama.

El instante santo es un recurso extraordinario; en él literalmente piensas que las cosas pueden ser de manera diferente y pides que se te enseñe a verlas. La condición es no juzgar y no intentar resolver por tu cuenta los problemas que crees tener. También se te pide que te desprendas de tu pequeñez, dicho de otra manera: que sientas que tú lo tienes todo y que lo puedes recibir todo.

No permitas que ninguna necesidad que percibas nuble la necesidad que tienes del instante santo.[27]

He aquí una definición maravillosa de instante santo:

«El instante santo es aquel en que la mente está lo suficientemente serena como para poder escuchar una respuesta que no está implícita en la pregunta y que ofrece algo nuevo y distinto».[28]

Atención a esta frase: «que ofrece algo nuevo y distinto», pues es clave. Si pedimos, consciente o inconscientemente, deseamos algo. Pero se nos dice que, cuando la respuesta que se te da es inesperada y sorprendente, entonces puedes estar seguro que el Espíritu Santo te ha contestado.

Cuando aplicamos el instante santo en nuestras vidas, renunciamos a cualquier juicio relacionado con el pasado. Sabemos que los juicios que hemos formulado se manifiestan en lo que llamamos presente, que es la consecuencia directa de estos.

Vivir en el instante santo es vivir en el ahora. Se trata de un recurso extraordinario. Dejamos en manos del Espíritu Santo cualquier asunto de nuestras vidas para que Él lo resuelva con su luz. No hacemos planes, porque no sabemos lo que es mejor para nosotros. Dejamos de preocuparnos para ocuparnos, nos permitimos sentir lo que tenemos que hacer, sabiendo que la repuesta se nos dará. Tenemos una mente libre de la preocupación por el tiempo.

Hay una frase del «Libro de ejercicios» que considero extraordinaria y que más de una vez he experimentado: «La mente que ha sanado no planifica. Simplemente lleva a cabo los planes que recibe al escuchar a una Sabiduría que no es suya. Espera hasta que se le indica lo que tiene que hacer, y luego procede a hacerlo».[29] Creemos que podemos controlar el tiempo y los sucesos futuros, y no cuidamos nuestros juicios, nuestras proyecciones. Necesitamos ayuda, pues planificamos para el día de mañana suponiendo que este va a ser de tal o cual manera. Cuando una mente está libre del tiempo, sabe siempre lo que tiene que hacer en cada instante. Voy a poner un ejemplo personal. En una ocasión, estaba en un curso con mi móvil en silencio, pero en mi mente sentí que sonaba; lo cogí y vi que mi hijo me estaba llamando, salí y le respondí:

—¿Qué ocurre, hijo?

Me contestó:

—Papá, ¿te acuerdas de ese señor que viene muchas veces a casa para arreglar el jardín, cortar leña y esas cosas?

—Sí, respondo.

—Pues está aquí y necesita que lo ayudemos. Su mujer tiene que ir urgentemente a Marruecos y no tiene dinero. —¿Qué hago?

Le respondí:

—Dale lo que necesita y algo más, por si surge algún imprevisto.

Cuando vives con esta mente, no tienes que preocuparte de saber a quién ayudar. Se te asistirá y sabrás cuándo, cómo y a quién.

Por eso el *Curso* dice en otros apartados del mismo ejercicio:

> *La mente que se dedica a hacer planes para sí misma está tratando de controlar acontecimientos futuros.[30]*

> *La mente que hace planes, por lo tanto, no permite ningún cambio. Lo que aprendió en el pasado se convierte en la base de sus futuros objetivos.[31]*

> *Si tienes que hacer planes, ya se te dirá cuáles son. Puede que no sean los planes que tú creías necesarios, ni las respuestas a los problemas a los que creías enfrentarte.[32]*

La relación santa está directamente relacionada con el perdón. El perdón que nos enseña el Espíritu Santo, es decir, el que no tiene nada que perdonar, el que comprende que solamente debemos perdonarnos a nosotros mismos por el daño que podemos hacernos a través del otro.

Comprendemos que siempre estamos relacionándonos con nosotros mismos a través de los demás, que somos nosotros los que atraemos todas las circunstancias y personas a nuestro alrededor. Que todas y cada una de ellas son magníficas oportunidades para sanar, los espejos en los cuales podemos vernos reflejados para sanar al integrar lo que percibimos.

> *Santo hermano mío, quiero formar parte de todas tus relaciones, e interponerme entre tus fantasías y tú. Permite que mi relación contigo sea algo real para ti, y déjame infundirle realidad a la percepción que tienes de tus hermanos. No fueron creados para que pudieses hacerte daño a través de ellos. Fueron creados para crear junto contigo. Esta es la verdad que quiero interponer entre tu objetivo de locura y tú. No te separes de mí ni dejes que el santo propósito de la Expiación se pierda de vista en sueños de venganza. Las relaciones en las que tales sueños se tienen en gran estima me excluyen a mí. En el Nombre de Dios, déjame entrar a formar parte de ellas y brindarte paz para que tú a tu vez puedas ofrecerme paz a mí.[33]*

En este apartado, el *Curso* dice con mucha claridad:

«Cada situación en la que te encuentras no es más que un medio para satisfacer el propósito que se estableció para tu relación».[34]

Veamos: un «propósito que se estableció». ¿Quién lo estableció? Y ¿cuándo?

La respuesta es bastante obvia: lo establecimos nosotros mismos a través de nuestros programas inconscientes, en el tiempo en el que no hay tiempo y en el que la información se guarda de una forma holográfica (por manifestar). Cuando se dan las condiciones, las almas se encuentran con sus respectivos cuerpos y establecen la relación especial para poder tomar conciencia de lo que deben sanar y crear una nueva relación basada en la santidad. Relación que puede ser con la misma persona o con otra. No olvidemos que todos somos Uno.

Se puede resumir con otras palabras: en cada situación en la que
te encuentres, aprovecha para tomar conciencia de lo que te dice
UCDM y comprender que esa situación tiene el propósito de que
puedas sanarte.

Estamos dormidos y nuestras vidas están regidas por programas
inconscientes. Cuando nos damos cuenta de que las relaciones que
creemos especiales no son más que el reflejo de nuestros programas
inconscientes, nos podemos liberar, despertarnos y sanar nuestra
relación.

Voy a terminar este capítulo con un ejemplo, el de una paciente
mía con cáncer de mama. Durante el proceso de toma de conciencia, encuentra su resentimiento, que radica en la pena que
le produce la mala relación de su marido con su hija. Al seguir
analizando su árbol genealógico (sus programas inconscientes), se
da cuenta de que de forma simbólica se ha casado con su padre.
Cuando alguien hace esto, significa que no desea tener hijos. De
repente, recuerda que, antes de casarse, ella le dijo a su marido:
«No quiero tener hijos», y él contestó que tampoco quería. Ella
había elegido casarse con un hombre que no deseaba tener hijos. En
realidad, el único coherente era él. Por ello, él no tenía enfermedad
alguna relacionada con este conflicto y ella sí, pues su deseo consciente había entrado en contradicción con su programa inconsciente. Su programa inconsciente había buscado una pareja con un programa compatible. Cuando tomas conciencia, te liberas del juicio
condenatorio. Ahora ya puedes empezar una relación nueva.

EL VERDADERO PODER

«El poder de decisión es la única libertad que te queda como prisionero de este mundo. Puedes decidir ver el mundo correctamente».

UCDM[1]

Ante cualquier situación cotidiana, debemos ser conscientes de que todo lo que nos ocurre, llamémosle bueno o malo, está frente a nosotros para que hagamos una elección.

Cada instante de nuestra vida es el que determina el instante siguiente, es más: como no somos conscientes de nuestro poder, al final, este determina nuestra vida y pensamos que es nuestro destino. Pero somos nosotros los que escribimos nuestro destino, y lo hacemos a cada instante.

Cuando algo relevante llama a nuestra puerta, debemos parar, reflexionar, aquietar la mente y entonces ejercer nuestro poder.

Podemos elegir la culpabilidad o el perdón, sentirnos separados o unidos a los acontecimientos.

A lo largo de este libro, expongo el desarrollo mental expresado en nuestras vidas y explico que la mente se encuentra dividida en lo que el *Curso* llama mente recta y mente errada.

No somos víctimas de las circunstancias, pero hay programas procedentes del inconsciente que actúan constantemente en nuestras vidas y nos hacen experimentar abandono y miedo, porque nos creemos impotentes frente a lo que nos ocurre.

Entonces, buscamos soluciones a nuestro alrededor, buscamos a alguien o algo que nos ayude, nos refugiamos en la magia, consultamos las estrellas, recurrimos a los nuevos remedios que ofrece la tecnología. Siempre estamos buscando lo más avanzado. O rezamos, pidiendo que se nos dé el amor de nuestra vida, el hijo tan deseado, el trabajo tan esperado, la fortuna que parece que nunca llega.

No comprendemos que el poder se halla en nosotros. Nos convertimos en idólatras, convencidos de que nuestro ídolo nos exige algún tipo de compensación para atendernos. No creemos que lo poseamos todo. Nuestra creencia de que estamos solos, y separados de todo y de todos nos convierte en víctimas de las circunstancias.

Hacemos todo lo posible para que nuestros ídolos nos protejan de todo mal, para que nos traigan buena fortuna, para que nuestras relaciones fructifiquen y hallemos el amor, un amor que llene nuestro vacío existencial.

Somos una «pandilla» de idólatras, unos desheredados, unos temerosos. Siempre estamos pidiendo, suplicando, y lo hacemos de muchísimas maneras. El ego tiene infinidad de formas de buscar fuera de ti lo que crees que te falta. Ya he hablado de las relaciones especiales, de amor especial y de odio especial, de que esperamos que el otro se comporte de determinada manera y utilizamos el subterfugio de la culpa si no lo hace. Nos ponemos enfermos para que el otro se sienta culpable y poderle decir: «... Mírame, hermano, por tu culpa muero».[2]

Hemos de protegernos del mal que nos rodea, del infortunio, de la carencia. Queremos hacer planes de futuro para que no nos falte nada, y entonces la diosa fortuna nos desposee de nuestros ahorros. Tenemos miedo porque no podemos controlar el futuro, no vemos que ese poder está en nosotros.

No nos percatamos de que nuestros mayores miedos se hacen reales en nuestras vidas porque los alimentamos con nuestra atención y poder, del cual no somos conscientes.

UCDM nos enseña de una forma magistral:

> *No busques fuera de ti mismo. Pues será en vano y llorarás cada vez que un ídolo se desmorone. (...) No busques fuera de ti mismo. Pues todo tu dolor procede simplemente de buscar en vano lo que deseas, y de insistir que sabes dónde encontrarlo. (...) Mas se te ha concedido conocer la verdad, y saber que no debes buscar fuera de ti mismo.*[3]

> *No hay nadie que venga aquí que no abrigue alguna esperanza, alguna ilusión persistente o algún sueño de que hay algo fuera de sí mismo que le puede brindar paz y felicidad. (...) Esta persistente ilusión le impulsará a buscar miles de ídolos, y más allá de estos, mil más.*[4]

> *Todos los ídolos de este mundo fueron concebidos para impedirte conocer la verdad que se encuentra en tu interior y para que le fueses leal al sueño de que para ser íntegro y feliz tienes que encontrar lo que se encuentra fuera de ti mismo.*[5]

> *Crees que los ídolos tienen el poder de remediar tus deficiencias y de proporcionarte la valía que no tienes. Todo aquel que cree en ello se convierte en esclavo de la pequeñez y de la pérdida.*[6]

Descansemos con la tranquilidad de que nuestros miedos pueden ser disueltos cuando utilizamos nuestro poder, el poder de elegir.

Cada instante de nuestras vidas es una oportunidad de elegir de nuevo, de reescribir nuestro futuro. Yo lo llamo «doblar el tiempo», y en las siguientes líneas explicaré cómo hacerlo.

DOBLAR EL TIEMPO

Para entender cómo podemos doblar el tiempo debemos comprender una serie de teorías científicas que de alguna forma apoyan los conceptos de la física cuántica.

En 1971, Dennis Gabor recibió el Premio Nobel por su descubrimiento del principio holográfico, que demuestra que el todo está en cada parte y que cada parte contiene al Todo. *UCDM*, curiosamente, dice lo mismo: «El reconocimiento de que la parte es igual al todo y de que el todo está en cada parte es perfectamente natural, pues así es como Dios piensa, y lo que es natural para Él es natural para ti».[7]

Veamos un esquema del experimento ideado por Gabor para explicar su teoría.

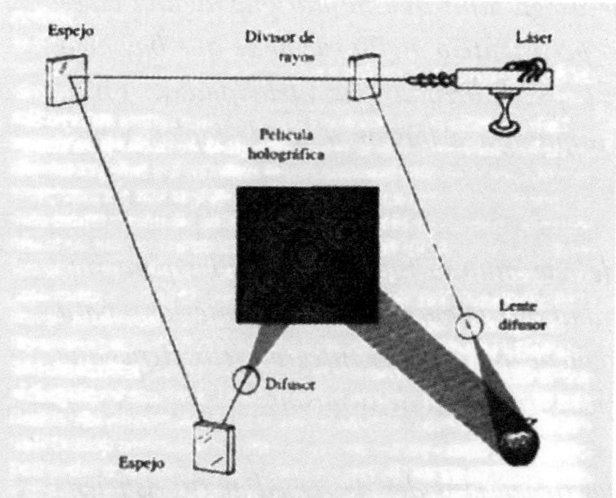

Figura 1. Un holograma se produce dividiendo un rayo láser en dos haces separados. El primer rayo se dirige hacia el objeto fotografiado (en este caso una manzana). Luego, la convergencia del segundo rayo con la luz reflejada del primero crea una pauta de interferencia que se registra en la película.

Placa holográfica. Michael Talbot, El universo holográfico.

La imagen muestra que, una vez que la película holográfica queda sensibilizada, podemos pasar a través de ella un rayo láser y entonces la figura de la manzana se manifiesta en forma de holograma. Esto sucede en cada parte de la película, por pequeña que sea.

De ello dedujo que cualquier imagen óptica puede ser convertida en su equivalente matemático de patrones de interferencia, la información resultante cuando las ondas se superponen unas a otras.

Esta superposición de ondas permite almacenar gran cantidad de información. Karl Pribram demostró que la memoria se conserva en el cerebro de forma holográfica. Y Gabor dedujo que toda la información se guarda entre las sinapsis de las neuronas cerebrales, en el espacio sináptico.

Cuando se quiere demostrar una teoría, siempre hay que hacer un modelo. Para demostrar la teoría holográfica, no hace falta ir muy lejos para encontrar lo: este es nuestro cuerpo. Cada célula de mi cuerpo contiene toda la información, es más, de una de ellas se puede hacer un doble.

Si ampliamos este concepto a un nivel más elevado, se deduce que toda la información del universo se encuentra en cada parte de este. Por lo tanto, me permito pensar que yo, como parte del universo, poseo toda la información.

He desarrollado este principio en el estudio del árbol genealógico, cuando analizo la problemática que me presenta mi paciente, y siempre me ha dado resultado encontrar el problema, el secreto lo llamo, porque cada miembro del árbol lleva toda la información sobre él.

El insigne pensador y científico David Bohm desarrolla su teoría en su libro *La totalidad y el orden implicado*. Él buscaba la comprensión de las cosas como un todo, y consideró que ese todo se puede expresar de dos formas diferentes, que él llamó el orden implicado y el orden explicado de las cosas.

Según David Bohm, el universo sería un orden explicado, vendría a ser la exposición de una holografía. Si hacemos una analogía, es como si el universo fuera una placa sensibilizada. El orden implicado es el que no vemos, y en él todo se almacena de alguna forma en ondas de información.

Bohm piensa que la conciencia es una forma sutil de materia y que la base de la relación entre ambas, materia y conciencia, no se encuentra en nuestro nivel de realidad, sino en las profundidades del orden implicado. Considera que la conciencia tiene infinidad de manifestaciones y que no hay que clasificarla en materia animada e inanimada. «Entendiendo por conciencia pensamientos, sentimientos, emociones, deseos, voluntad, toda la vida mental o psíquica, esta se halla en forma explicada. Pero por debajo de estos fenómenos subyace el orden implicado».[8]

Veamos algunas reflexiones de David Bohm:

* **¿Son nuestros pensamientos, sentimientos y deseos buenos o malos?** ¿Podemos cultivarlos y llevarlos a la perfección? La física moderna es rotunda: los pensamientos, los deseos y los sentimientos, la propia conciencia, son fracciones, pequeñas partes de una totalidad. Nuestra conciencia es una minúscula porción, una diminuta fracción, de una totalidad multidimensional.

Pero ¿cómo acceder a la totalidad, a la unidad, a Dios? La física dice que en un solo átomo del orden implicado, por sus características holográficas, se halla inscrita la información de la totalidad. Si dirigimos nuestro foco hacia el punto de donde emanan todos los sentimientos, «nuestro corazón», hallaremos allí un átomo que contiene toda la información. Solo falta conectar con él, o mejor, dejar que él conecte con nosotros. Este es el camino interior que nos llevará a la totalidad, a la unidad.

¿Cómo afecta todo esto a nuestras vidas? Hago las siguientes reflexiones:

* El orden implicado contiene toda la información de todos nuestros niveles de existencia —sensorial, mental y espiritual— de una forma no lineal, no local, no causal.

* Este campo crece con la experiencia y con el aumento del número de individuos que conforman el campo explícito o de existencia.

* La información trasciende el espacio y el tiempo.

* Toda esta información puede ser moldeada por nuestros pensamientos, sentimientos y emociones.

- Aparecen nuevas formas y funciones cuando un número determinado de individuos aprenden un nuevo comportamiento, como consecuencia de un cambio de percepción.

- La película *Campo de sueños* es un ejemplo de un «mundo implícito no local». Cuando hay un personaje que no ve a los jugadores, esta persona no está en resonancia.

CULPABILIDAD
PASADO, FUTURO, PASADO, FUTURO, PASADO, FUTURO, PASADO, FUTURO, PASADO, FUTURO, PASADO, FUTURO, PASADO, FUTURO PASADO, FUTURO, PASADO, FUTURO, PASADO, FUTURO, PASADO, FUTURO, PASADO, FUTURO, PASADO, FUTURO, PASADO, FUTURO, PASADO

EL TIEMPO ES HOLOGRÁFICO

«Si un número suficiente de nosotros llega a alcanzar una mentalidad verdaderamente milagrosa, este proceso de acortar el tiempo puede llegar a ser verdaderamente inconmensurable».

UCDM[9]

Según Craig Hogan, un físico del laboratorio de física de partículas en el Fermilab en Batavia, Illinois, el detector de ondas gravitacionales GEO600 se ha topado con el límite fundamental del espacio-tiempo, el punto donde el espacio-tiempo deja de comportarse como el continuo suave que Einstein describe y se disuelve en «granos». Haciendo una analogía, es como ampliar gradualmente una fotografía hasta que solamente se ven granos o puntos.

De todo ello se deduce que el universo es un «magno holograma», y que este ingenio nos está señalando el límite del espacio-tiempo.

¿Qué quiere decir que el tiempo es holográfico? Significa que lo que llamamos pasado, presente y futuro coexisten en cada instante. Como diría Bohm: «El pasado está activo en el presente como una especie de orden implicado».[10]

«Holotrópico» significa orientado a la totalidad o que se mueve en dirección a ella. Este concepto sugiere que en nuestro estado cotidiano de la conciencia no estamos realmente enteros; estamos fragmentados o identificados solo con una pequeña fracción de lo que somos.[11]

De ello deducimos que tenemos una parte de nuestra conciencia en un estado implicado, al que llamo «yo cuántico», mientras que al estado explicado corresponde el «yo consciente», el que vive la vida diariamente.

Este «yo cuántico» se proyecta dentro del holograma espacio-tiempo, y en esta proyección desplazamos nuestra conciencia dentro del holograma al «yo consciente». En la medida en que el «yo cuántico» se va manifestando en el orden explicado del «yo consciente», este último se olvida del «yo cuántico», se desconecta, por así decirlo, de sí mismo, es decir, de la parte cuántica. Entonces, ingresa en el sueño de separación. Esto podría explicar la búsqueda de la famosa alma gemela, que sería nuestro doble. La parábola del hijo pródigo alude a la misma realidad: dos hermanos viven con el padre y uno de ellos pide su herencia y se marcha al mundo, mientras que el otro se queda en la hacienda con el padre. El hijo que se va experimenta de todo, incluida la culpa, hasta que decide volver a la «casa del padre», quien organiza una fiesta por su regreso.

Si ampliamos esta analogía, podemos decir: nosotros estamos en el mundo —yo consciente—. En la medida en que conectemos con nuestro «yo cuántico», nos daremos cuenta de que podemos vivir en el mundo controlando nuestras vidas. Es más: podremos convertir nuestra vida en nuestra creación.

El «yo cuántico» vive todos los tiempos en el mismo instante. Cuando nos conectamos con él, nos puede enviar la información más adecuada para cada momento. Pero, para que esto ocurra, es muy importante contar con una mente que no formule juicios, una mente incondicional, que sepa que no sabe qué es lo mejor en cada momento.

Reflexiones:

- Mis programas se encuentran en el orden implícito del campo y se manifiestan en mi vida de tal forma que los veo como provenientes de un futuro.

- Mi yo cuántico tiene a su disposición una infinidad de información, pero solo obedece a la fuerza emocional de mi yo explícito o yo consciente.

- Mi forma repetitiva de interactuar con mi mundo de ilusión es la causa de que mis historias se repitan.

- Me resulta imprescindible modificar mi manera de interactuar con el mundo para cambiar la información a la que mi yo cuántico pueda acceder.

- Si el tejido espacio-tiempo es holográfico, significa que está curvado y, por lo tanto, todo el tiempo está en cada tiempo.

- Lo que yo llamo futuro está en el tiempo cuántico, es donde se almacena la información que vamos proyectando en lo que llamamos presente, pero que para el yo cuántico es pasado. Por eso, nuestro presente crea condiciones para el futuro, que cuando se nos presentan tienen que ver con el pasado.

- Esta información se almacena en este campo cuántico y se activa cuando tomamos una decisión.

- Si vivimos inconscientemente, lo hacemos en un programa marcado por nuestros ancestros, por los inconscientes familiares y el inconsciente colectivo. Nuestro libre albedrío es prácticamente nulo, «vivimos en Matrix» (en referencia a la película Matrix). Hay que despertar y tomar conciencia de los programas inconscientes.

- Nadie puede despertar de un programa si cree que no está en él.

- *UCDM* dice: «Nadie puede despertar de un sueño que el mundo esté soñando por él. (...) No puede, elegir despertarse de un sueño que él no urdió».[12]

Mi futuro es mi pasado, que vivo en lo que yo llamo presente.
Dibujo de Enric Corbera.

Recordemos algunos de los programas que he explicado:

- La culpabilidad es un programa muy inconsciente que condiciona nuestras vidas y nos hace vivir situaciones de castigo.
- El sufrimiento y el sacrificio vistos como una virtud, determinan nuestras creencias.
- Tiendo a hacer aquello en lo que no creo, pero que pienso que debo hacer.
- Los programas son activados por el miedo.

Ejemplos de todo ello son:

- El estudio del árbol genealógico; la información del árbol se encuentra en cada miembro de este.
- La memoria celular.
- Los grandes secretos familiares, lo no dicho, los silencios, etcétera.
- Los programas de los países, que recuerdan y celebran acontecimientos pasados.
- Los programas de las religiones.

De todo ello se deduce que lo que llamamos futuro es una proyección del pasado que vivimos en el presente. Simplemente vivimos nuestro pasado y esto nos quita toda libertad de elegir. Hay que tomar conciencia y cambiar las percepciones y las emociones en cada momento, eso hace que el futuro sea diferente, porque se dobla la línea del tiempo, línea en la cual repetíamos acontecimientos programados en el pasado y que vivíamos en lo que llamábamos futuro. Para conseguir este cambio, el yo consciente, el explícito, debe despertar y proyectar en el yo cuántico los acontecimientos que luego este debe manifestar en lo que el yo consciente llama futuro.

Doblar el tiempo, cambiar mi línea espacio-tiempo.
Dibujo de Enric Corbera.

En otras palabras: cuando doblo el tiempo, o sea, cuando cambio mi línea espacio-tiempo, creo un vacío cuántico y mi yo cuántico no tiene programas para mandarme en mi futuro. Entonces tengo la libertad de crear nuevos programas que viviré en él. Así me convierto en el «creador» de mi vida y no en un «sufridor» de esta.

Tejido del espacio-tiempo. Fuente: ‹http://www.ojocientifico.com›
Consulta realizada el 28 de junio de 2013.

Para «crear» mi futuro es muy importante seguir las directrices de
UCDM. Las siguientes son imprescindibles.

- Entrenarme en la escucha de mi corazón. Mi corazón me
  conecta con los programas ventajosos o liberadores de mi
  vida.
- Aplicar el perdón en mi vida. El perdón deshace el futuro,
  porque deshace el pasado. Actúa especialmente sobre los
  campos que se alimentan de la culpabilidad. *UCDM* dice:
  «El perdón es lo que nos libera totalmente del tiempo y lo que
  nos permite aprender que el pasado ya pasó».[13]
- No hacer juicios sobre las cosas que me ocurren.
- Comprender que mis juicios crean forma en algún lugar
  (campo cuántico) que luego se me presenta como futuro.
- Cambiar mis conductas al comprender que no están en coherencia cuántica (emocional).
- Ser consciente de que tengo el poder de elegir a cada momento.
  Dejo el papel de víctima. «El poder de elegir es el mismo que
  el de crear... Elegir implica que la mente está dividida. El

Espíritu Santo es una de las alternativas que puedes elegir».[14]
* Saber que alimento todo lo que vivo con mis programas.

«Tu perdón reajusta el tiempo y los sucesos, porque liberas culpa
inconsciente».

(Gary R. Renard, *La desaparición del universo*)

LA INFLUENCIA RETROACTIVA

En el capítulo «Rezar por el ayer», del libro de Lynne Mc Taggart
El experimento de la intención, encontré argumentos que avalan mi
teoría —mi inspiración, pues yo no soy físico— de que el tiempo
que vivimos en lo que llamamos presente viene del futuro, que, a su
vez, proviene del pasado.

Hay un conjunto de teorías científicas que contradicen la ley de la
causalidad, pues sostienen que el efecto produce la causa.

Puede parecer que *UCDM* a veces se contradice, pero no es así.
Nos dice que somos la causa de los efectos que producimos en nuestras vidas, que todo lo que nos pasa lo hemos producido nosotros,
incluso asegura que no podemos despertar del sueño si no sabemos
que somos la causa. Pero también dice algo muy importante:

«El milagro te recuerda una Causa que está eternamente presente
y que es inmune al tiempo y a cualquier interferencia. Dicha Causa
nunca ha dejado de ser lo que es. Y tú eres Su efecto, tan inmuta-
ble y perfecto como Ella Misma».[15] Entonces, ¿es posible prevenir
retroactivamente una enfermedad después de que esta ha afectado
a una persona y se ha extendido por su cuerpo? ¿Es posible «reescribir» nuestra propia reacción emocional ante un acontecimiento?

Una posible interpretación de los experimentos sobre la influencia retroactiva sugiere lo impensable: la intención es capaz de
retroceder en el tiempo para influir sobre acontecimientos
pasados, o respuestas emocionales o físicas, en el momento original en que sucedieron. El problema central de retroceder en el
tiempo y manipular nuestro propio pasado radica en los nudos
lógicos en que se enreda la mente cuando piensa en todo esto.[16]

Este es nuestro trabajo en bioneuroemoción. En multitud de ocasiones hemos comprobado que podemos cambiar la causa pasada de un efecto presente, porque sabemos, por experiencia, que el inconsciente biológico es atemporal y que guarda todos los acontecimientos importantes de nuestras vidas y de nuestros ancestros. Acontecimientos importantes marcados por nuestra forma de vivirlos, con emociones que se guardan en la memoria colectiva, familiar e individual.

Veamos lo que dice *UCDM*: «Tu papel consiste simplemente en hacer que tu pensamiento retorne al punto en que se cometió el error, y en entregárselo allí a la Expiación en paz».[17]

El físico Evan Harris Walker fue el primero en proponer que la física cuántica puede explicar la influencia retroactiva. Pero, para ello, es necesario tener en cuenta el efecto del observador.[18]

La otra posibilidad es que toda la información del universo esté a nuestro alcance en cualquier momento, y que el tiempo exista en un gigantesco presente extendido. Braud especuló acerca de la posibilidad de que los presentimientos sobre el futuro sean un desplazamiento hacia atrás en el tiempo —un acontecimiento futuro que de alguna forma retrocede en el tiempo con el objetivo de influir sobre una mente presente—. Si simplemente se invierte el presentimiento y se lo llama influencia retroactiva, de modo que toda actividad mental futura influya sobre el presente, se mantienen el mismo modelo y los mismos resultados que en los experimentos sobre la retrocausalidad. Toda la precognición puede ser una muestra de influencia retroactiva; todas las decisiones futuras pueden influir sobre el pasado.[19]

Mi experiencia clínica me ha enseñado que nuestro pasado está formado por pequeños espacios-tiempos congelados y desconectados entre sí. Vendría a ser como un suelo embaldosado en el cual cada baldosa está separada de las otras por un hilo de material que las mantiene unidas.

Esta pieza congelada por un acontecimiento traumático se proyecta en un futuro, que a su vez se proyecta en mi presente cuando hay un acontecimiento desencadenante que le recuerda a mi inconsciente el trauma vivido en el pasado.

Si yo tomo consciencia de todo esto, puedo revertir mis acontecimientos futuros, cambiando mis emociones, y por supuesto, mi percepción en el instante congelado; puedo descongelarlo mediante diversas técnicas, que enseñamos en el método de bioneuroemoción. Yo llamo a este proceso el «arte de desaprender».

Lynne McTaggart refuerza el método que aplicamos:

> También hay una posibilidad de que en el nivel más fundamental de nuestra existencia no exista nada parecido al tiempo secuencial. La energía pura que se da en el nivel cuántico no tiene tiempo ni espacio, sino que existe como un amplio *contínuum* de cargas fluctuantes. Nosotros somos, en cierto sentido, el tiempo y el espacio. Cuando aportamos energía a la conciencia mediante el acto de percepción, creamos objetos separados que existen en el espacio a través de un *contínuum* mensurable. Al crear el tiempo y el espacio, creamos nuestra propia separación y también nuestro propio tiempo.

> Según Bierman, lo que parece ser retrocausalidad es simplemente una demostración de que el presente depende de condiciones o resultados potenciales futuros, y que la no localidad se produce tanto en el tiempo como en el espacio. En cierto sentido, nuestras acciones, elecciones y posibilidades futuras ayudan a crear nuestro propio presente. Según esta visión, nuestras acciones y decisiones presentes están siendo constantemente influenciadas por nuestro futuro.[20]

Todo ello refuerza mi teoría basada en las experiencias cuánticas de eminentes científicos, teoría que podría formular así: mi presente, que mañana será mi pasado, determina unas consecuencias en lo que yo llamo mi futuro, y este se me presentará constantemente en mi presente, sin ser consciente de que los programas que veo como mi futuro han sido creados en mis instantes de tiempo pasados.

UCDM nos enseña a librarnos del pasado mediante el instante santo.

> *¿Puedes imaginarte lo que sería no tener inquietudes, preocupaciones ni ansiedades de ninguna clase, sino simplemente gozar de perfecta calma y sosiego todo el tiempo?[21]*

> *El miedo no tiene cabida en el presente cuando cada instante se alza nítido y separado del pasado, sin que la sombra de este se extienda hasta el futuro. (…) Y el presente se extiende eternamente. (…) Elige este preciso instante, ahora mismo, y piensa en él como si fuese todo el tiempo que existe.[22]*

> *En el instante bendito abandonas todo lo que aprendiste en el pasado, y el Espíritu Santo te ofrece de inmediato la lección de la paz en su totalidad.[23]*

El experimento de Bruckner[24] se basaba en un supuesto de la ciencia acerca del tiempo: en la evolución de una partícula, una medición realizada en cierto momento será totalmente independiente de una medición realizada más tarde o más temprano.

Para probarlo, había que realizar cálculos teóricos de la polarización de una determinada partícula, a la que se llamó Alice, en dos momentos distintos.

Para calcular sus secuencias matemáticamente, Bruckner y Vedral usaron lo que se denomina espacio Hilbert o espacio abstracto, utilizado en ciencias físicas en *Los espacios lineales en la ingeniería*.

Primero, calcularon la polarización de Alice y, a continuación, la midieron algunos momentos más tarde. Cuando terminaron su cálculo de la posición presente de Alice, regresaron y midieron nuevamente su polarización anterior.

Descubrieron que la desigualdad de Bell (se refiere a la diferencia entre dos mediciones llevadas a cabo en distintos momentos) había sido violada: la segunda vez obtuvieron un resultado distinto a la primera polarización. El propio acto de medir a Alice en un momento posterior influenció, y de hecho cambió, la forma en que fue polarizada antes.

Los resultados de estos experimentos se publicaron en la revista New Scientist, en un espectacular artículo de portada: «El entrelazamiento cuántico: cómo el futuro puede influir sobre el pasado».

Este experimento muestra la importancia del observador en la medición de partículas cuánticas y la forma en que el futuro afecta al pasado. Es muy probable que nuestro pensamiento en el presente pueda alterar el pasado y no conforme un futuro.

Por eso *UCDM* enseña a vivir en un eterno presente. Para ello, es preciso no formular juicios, pues estos determinaran un futuro basado en un pasado lleno de ellos. Liberar el tiempo implica liberar la mente de juicios condenatorios. *UCDM* enseña a liberar el pasado, pues este determinara un futuro al que llamamos presente.

Veámoslo:

> *El instante santo es el recurso de aprendizaje más útil de que dispone el Espíritu Santo para enseñarte el significado del amor. Pues su propósito es la suspensión total de todo juicio. (…) Es imposible juzgar sin el pasado, pues sin él no entiendes nada.*[25]

> *El instante santo refleja Su conocimiento al desvanecer todas tus percepciones del pasado, y al eliminar de esta manera el marco de referencia que inventaste para juzgar a tus hermanos.*[26]

HACIA LA INTEGRACIÓN

Cuando en la vida cotidiana se nos presenta una situación que nos molesta o nos agrada mucho, debemos ser conscientes de estar ante una parte de la totalidad. Por así decirlo, solo vemos el positivo, como si se tratara de un filme. Hay que encontrar el negativo, el orden implicado de la situación.

Pensar de esta manera, saber que todo tiene un orden implicado y que este se encuentra también en el inconsciente, nos permite sacarlo a la luz de la conciencia para poder integrarlo.

¿Por qué es tan importante la integración?

Es importante porque, al integrar, unifico y veo el todo. Mi mente no se polariza, puedo cambiar mis programas inconscientes, puedo poner en marcha un proceso de reaprendizaje y así crear otro orden explicado, otros acontecimientos futuros.

Cuando integro, me curo, sano mi mente y mi cuerpo, porque, al verlo como un todo, alcanzo un estado mental de paz.

UCDM expresa lo mismo de la siguiente manera:

> *La Voz del Espíritu Santo es la Llamada a la Expiación, es decir, a la restitución de la integridad de la mente.*[27]

> *Existen dos formas diametralmente opuestas de ver a tu hermano. Ambas tienen que encontrarse en tu mente porque tú eres el perceptor. Tienen que encontrarse también en la suya, puesto que lo estas percibiendo a él. Mira a tu hermano a través del Espíritu Santo en su mente, y reconocerás al Espíritu Santo en la tuya. Lo que reconoces en tu hermano lo reconoces en ti; y lo que compartes, lo refuerzas.*[28]

> El Espíritu Santo *tiene que llevar a cabo su labor mediante el uso de los opuestos porque tiene que operar para una mente y con una mente que está en oposición.*[29]

> *La mente que está libre de culpa no puede sufrir. Al estar sana, sana a su vez al cuerpo porque* ella *misma ha sanado.*[30]

Quiero hacer hincapié en el párrafo que nos dice que el Espíritu Santo hace su labor mediante los opuestos. Como nuestra mente está dividida, y para que comprendamos que lo opuesto a algo, es la forma de verlo y de integrarlo.

Por todo ello, siempre contamos con la oportunidad de ver las cosas de otra manera y de hacernos preguntas tales como: «¿Es esto lo que quiero ver? ¿Es esto lo que deseo?».[31]

Con respecto a lo que vemos y a lo que deseamos, tenemos el poder de decisión; sobre esto tenemos control, no sobre lo que ocurre. Por eso *UCDM* dice: «Y si eliges ver un mundo donde no tienes enemigos y donde no eres impotente, se te proveerán los medios para que lo veas».[32]

No olvides que lo que decidas que él (tu hermano) es para ti, determinará tu futuro. Pues estás construyendo tu futuro *ahora*: el instante en el que todo el tiempo se convierte en un medio para alcanzar cualquier objetivo.[33]

Por todo esto, en relación con la historia de Helen Schucman y William Thetford, que no se llevaban nada bien en su trabajo, *UCDM* los condujo a la reflexión: «Tiene que haber otra manera». Y es precisamente con esta reflexión como quiero terminar este capítulo. Cuando enfrentemos situaciones de ira, de enfado, cuando nos encontremos con circunstancias que consideremos problemáticas, con acontecimientos dolorosos... debemos afirmar: «tiene que haber otra manera, otra forma de ver las cosas».

Entonces, es el momento de utilizar el propio poder: el poder de elegir, y elegir ver la situación de otra manera. Es el momento de invocar al Espíritu Santo y pedirle que nos ilumine y nos guíe en la nueva decisión.

SANAR LA PERCEPCIÓN

El mundo que vemos es siempre una interpretación que nos habla de nosotros mismos y dicta nuestras reacciones frente a lo que vemos.

Constantemente proyectamos en la «pantalla del mundo» nuestra forma de ver y entender lo que vemos. Dicho de otra manera: proyectamos nuestros programas inconscientes, con sus creencias, sus tabúes, sus prejuicios y todas las historias del inconsciente familiar y del inconsciente social.

En cierta ocasión, daba una clase magistral a un grupo de doctores en Cuba; hablaba de cómo abordar el árbol genealógico para tratar enfermedades como la esclerosis múltiple. Teníamos frente a nosotros diez personas aquejadas de esta enfermedad. Una de ellas llevaba unos cinco años en una silla de ruedas. Cuando terminamos de realizar su estudio y de hacer el «duelo» correspondiente por sus ancestros y sus programas, el enfermo empezó a temblar y dijo que tenía ganas de levantarse. Lo ayudamos a ponerse en pie y pudo andar doscientos metros. Hoy en día, cuatro años después, sigue evolucionando y camina con la ayuda de un bastón.

Cuando este hecho se comentó con los doctores y doctoras que estaban presentes, resultó que más o menos la mitad no lo había visto, lo cual demuestra que no vemos con los ojos, sino con el cerebro. Sus propias limitaciones les habían impedido ver algo que para ellos era imposible.

Recuerdo otros ejemplos más sencillos, como cuando mi mujer me pidió que cogiera una caja de pañuelos de papel que estaba sobre un mueble pequeño a la entrada del dormitorio. Yo miraba la superficie del mueble, donde se suponía que estaba la caja, y no conseguia verla, hasta que ella exclamó: «¡Sí, hombre, la caja rosa!». Y, de repente, frente a mis ojos apareció la caja rosa de pañuelos de papel. ¿Qué había pasado? Que en casa la caja de pañuelos de papel solía ser de color azul, y yo no la veía porque proyectaba una caja de color azul y de ciertas características que mi mente conocía bien.

La percepción selecciona y configura el mundo que ves. Literalmente lo selecciona siguiendo las directrices de la mente.[1] La percepción es una elección, no un hecho.[2]

Pues tu creencia acerca de quién eres depende enteramente de la voz que elijas escuchar y de los panoramas que elijas ver. La percepción da testimonio únicamente de esto, nunca de la realidad.[3]

Cuando buscamos algo, siempre hemos de tener muy claro qué buscamos y cuáles son sus características, porque, en otro caso, como se dice vulgarmente, nos puede morder.

Esto ocurre constantemente en nuestras vidas de una forma inconsciente. ¡Cuántos experimentos se habrán hecho en psicología sobre la percepción!

Recuerdo uno que me explicaron cuando estudiaba psicología. Se mostraba a una serie de personas un corto filmado sobre un accidente automovilístico. Luego se les preguntaba de qué color estaba el semáforo. Unos decían verde y otros rojo, pero lo cierto era que no había semáforo. Invito a mis lectores a visitar la página ‹http://www.scientificpsychic.com› donde encontrarán muchos ejercicios que cuestionan la percepción.

Entonces, ¿qué realidad percibo? ¿Cómo puedo estar seguro de lo que veo?

Esto se puede complicar mucho más. Me atrevo a decir que ni siquiera sabemos por qué nos enamoramos de alguien. La mente consciente da muchas explicaciones y formula numerosos razonamientos: que si es muy simpático, muy dulce, inteligente, rico, etcétera. Pero la percepción siempre está sujeta a interpretaciones, y estas son el reflejo de programas inconscientes y de nuestro estado mental.

Hay una magnífica referencia en el *Curso*, que también refrenda lo que digo: «La fe, la percepción y la creencia pueden estar mal ubicadas y servir de apoyo tanto para las necesidades del gran embaucador como para las de verdad».[4] He llegado a esta conclusión tras estudiar muchos cientos de árboles genealógicos. Estos revelan que las personas se relacionan unas con otras por programas inconscientes. ¡Cuántas parejas habré visto que no pueden tener hijos! Conocí a una mujer que cada vez que se enamoraba de un chico resultaba que este era estéril. Es muy cierto que Dios los crea y ellos se juntan. Son frecuentes las relaciones adictivas entre personas que tienen los mismos problemas con sus padres o sus madres. Padres ausentes o madres sobreprotectoras, por ejemplo. Muchas personas con problemas de violencia llevan en sus programas inconscientes la impronta de que sus madres querían abortar, y muchos no se sienten bien consigo mismos porque los padres querían un hijo del otro sexo.

Por eso es tan importante sanar la mente antes de sanar el cuerpo, sobre todo sanar la mente inconsciente. Para enseñar a sanar la mente, aplico el estudio del árbol genealógico, pues este se expresa en nuestras vidas a través de relaciones interpersonales y de síntomas a los que llamamos enfermedad. Para más información, los lectores se pueden dirigir a: ‹www.bioneuroemocion.com›.

En nuestra terapia, utilizamos una mente cuántica. Sabemos que la percepción refuerza o debilita las creencias de las personas. No creemos que la enfermedad sea casual, externa, pues la materia no puede tener capacidad de decisión. El cuerpo se pone enfermo

—mejor dicho, lo ponemos enfermo— por la manera de vivir las situaciones. Por eso consideramos tan importante sanar la percepción de las cosas.

Tener una mente cuántica significa ser conscientes de que atraemos lo que hay frente a nosotros y que esto revela nuestro estado mental; y también significa ser conscientes de que proyectamos nuestras creencias sobre la enfermedad en la persona enferma y de la necesidad de que la mente consciente controle esa proyección, pues podemos reforzar o debilitar las creencias acerca de qué es la enfermedad y cómo se la puede tratar.

> *Aceptar la Expiación para ti mismo significa no prestar apoyo a los sueños de enfermedad y muerte de nadie.*[5]

> *Hay un modo de encontrar certeza aquí y ahora. Niégate a ser parte de ningún sueño de miedo, sea cual sea su forma, pues si lo haces perderás tu identidad en ellos.*[6]

> *Lo que les confiere realidad a los perniciosos sueños de odio, maldad, rencor, muerte, pecado, sufrimiento, dolor y pérdida es el hecho de compartirlos.*[7]

> **Soy responsable de lo que veo,**
> **elijo los sentimientos que experimento y decido**
> **el objetivo que quiero alcanzar.**
> **Y todo lo que parece sucederme yo mismo lo he**
> **pedido, y se me concede tal como lo pedí.**[8]

Voy a proponer una hipótesis de trabajo, antes de entrar en la mente cuántica y después de haber desarrollado el verdadero poder: Todo el mundo debería saber que los pensamientos son energía. Multitud de experimentos demuestran que, cuando pensamos en algo concreto, en nuestro cerebro creamos una tormenta de luz. Esta luz está conformada por bits de información. Por lo tanto, los pensamientos son entidades físicas, aunque no tengan masa cuantificable. Se expresan de dos maneras: la conciencia (forma explícita) y guardados en la mente en forma de recuerdos (forma implícita). Dicho de otra manera: cuando somos conscientes, la energía es corpuscular, y cuando almacenamos el recuerdo, la energía se transforma en ondas de información o bits.

Cuando experimentamos un recuerdo o tenemos una idea genial, ¿dónde está almacenado este recuerdo o esta idea? Uno es pasado y la otra obviamente es futuro, y ambos se manifiestan en mi teórico presente. Esto lleva a suponer que toda la información ya está presente en forma de ondas de interferencia, a la espera de que mi mente sea receptiva a ella. ¿Cómo mi mente puede ser receptiva? Para ello es necesario que sea libre, y esto se consigue cuando la mente no refuerza nada de lo que observa. Así libera lo observado, deja espacios vacíos, sin pensamiento, donde la mente puede recibir informaciones diferentes. Informaciones que están por encima del pensamiento que antes la mente vivía; pensamientos de orden superior; más holísticos. De esta manera, la mente se libera y, como consecuencia, también lo hace el cuerpo. Entonces se alcanza una percepción perfecta, libre de todo juicio.

Cuando percibes correctamente cancelas tus percepciones falsas y las de los demás simultáneamente.[9]

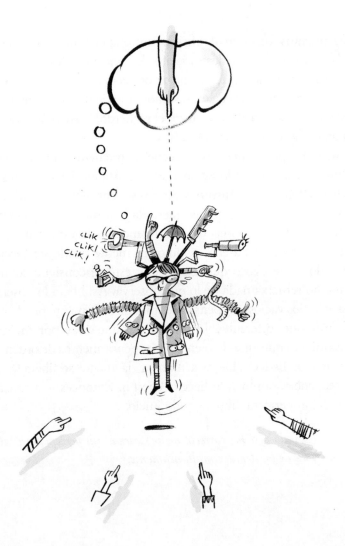

EL JUICIO

Cada vez que haces un juicio, te condenas a ti mismo. Juzgamos continuamente y nos condenamos continuamente. No nos lamentemos de lo que nos ocurra después.

Para juzgar, tenemos que percibir y esto es lo que quiere el ego: nuestros juicios nos separan de los demás.

El *Curso* nos dice: «... "No juzguéis y no seréis juzgados" lo que quiere decir es que si juzgas la realidad de otros no podrás evitar juzgar la tuya propia». «La decisión de juzgar en vez de conocer es lo que nos hace perder la paz» (T-3.VI.1:4-2)

LA MENTE CUÁNTICA

«Nadie puede pensar por separado, tal como Dios no piensa sin Su Hijo».
UCDM[1]

«¿Son entonces peligrosos los pensamientos? ¡Para los cuerpos sí!».
UCDM[2]

En muchas de mis conferencias digo a mis oyentes: «¡Debéis tener una mente cuántica!».

Muchos no saben muy bien lo que quiero decir y me preguntan cómo se tiene una *mente cuántica*. Esta pregunta lleva implícita la idea de que la mente cuántica hay que buscarla en algún sitio, cuando, en realidad, *nuestra mente es cuántica*. No somos conscientes de ello porque vivimos una realidad dual y eso nos hace ver el mundo como si todos estuviéramos separados de todos, una interpretación propia de lo que se podría llamar una *mente newtoniana*.

UCDM lo deja muy claro:

> *El cuerpo no te separa de tu hermano, y si crees que lo hace estás loco.[3]*

> *Ni tu hermano ni tú podéis ser atacados por separado. Ni tampoco puede ninguno de vosotros aceptar un milagro sin que el otro no sea igualmente bendecido por él y curado del dolor.[4]*

La física cuántica ilumina todas estas premisas, porque hoy en día la física y la espiritualidad se dan la mano y la una explica a la otra. Los grandes principios espirituales se certifican con los descubrimientos diarios de la física cuántica.

La teoría de la no localidad refuerza todo lo que estoy diciendo. Esta afirma que, si separamos dos partículas cuánticas que interaccionan, por muy distantes que estén, lo que hagamos con una provoca una reacción en la otra. Aunque estén separadas por millones de años luz. Esto contradice la teoría de Einstein, según la cual no hay nada que supere la velocidad de la luz. Solo existe una explicación para esto: todo está unido, no hay distancia que recorrer.

Los físicos aceptaron la no localidad siempre que se tratara solo de partículas cuánticas y no de átomos o moléculas. Pero Rosenbaum y Sai echaron por tierra estas suposiciones y demostraron que...

> ... objetos grandes como los átomos también estaban conectados no localmente, incluso en un pedazo de materia tan grande que podías tomarlo con la mano. Nunca antes la no localidad cuántica había quedado demostrada a una escala tan grande. Aunque el espécimen era solo un pequeño trozo de sal, para una partícula subatómica se trataba de un palacio gigantesco, ya que albergaba un trillón de átomos (10 elevado a la potencia 18). Rosenbaum, generalmente muy reacio a especular sobre lo que no podía aún explicar, se dio cuenta de que había descubierto algo extraordinario sobre la naturaleza del Universo. «Y yo comprendí —dijo— que había hallado un mecanismo para la intención: había demostrado que los átomos, componentes esenciales de la materia, podían ser afectados por influencias no locales».[5]

Si Todo está unido, ¿qué es lo que lo une Todo? Los físicos lo llaman el campo punto cero; otros, como Gregg Braden, la matriz divina. El campo recibe el nombre de «punto cero» porque, incluso a la temperatura de cero absoluto, en que teóricamente toda la materia debería dejar de moverse, estas pequeñas fluctuaciones siguen siendo detectables. Ni en el lugar más frío del universo se detiene la materia subatómica, que continúa con su pequeño tango energético.[6]

Puthoff se pasó más de treinta años examinando el campo punto cero. Demostró, con algunos de sus colegas, que este constante intercambio de energía de toda la materia subatómica con el campo punto cero es la causa de la estabilidad del átomo de hidrógeno y, por lo tanto, de toda la materia. Además, comprobó que la energía del punto cero puede explicar las dos propiedades básicas de la masa: la inercia y la gravedad.[7]

Como vemos, muchas teorías señalan que todo está unido y que los pensamientos actúan e influyen en ese campo, y también sugieren que si utilizamos la intención, es decir, un pensamiento focalizado, esta influencia aumenta.

Ahora voy a especular un poco. El físico danés Niels Bohr, uno de los padres de la física cuántica, afirmó que, una vez que las partículas subatómicas, como los electrones o los fotones, entran en contacto, se influencian mutuamente de manera instantánea a cualquier distancia y para siempre. Esto me lleva a pensar que si dos personas se conocen, interactúan el tiempo necesario y se unen en un proyecto, nunca dejan de interactuar entre sí. Porque una cosa es estar en contacto y otra muy diferente es estar unidos. El contacto vendría a ser la manifestación explícita de un potencial implícito antes de la unión. Esto explicaría los actos creadores de dos o más mentes unidas en un proyecto común.

Por lo tanto, podemos hacer inferencias que van más allá de la física y entran de lleno en la metafísica o filosofía cuántica. Si interactúo con una persona con quien hace años tuve un conflicto, y cambio mis pensamientos y percepciones con respecto a ella, ella recibirá esta información. Todo ello lo deduzco de los principios de *UCDM*, cuyos postulados explican lo mismo.

LA FUNCIÓN DE ONDA

Llamo «función de onda» al estado abierto a todas las posibilidades. Una mente cuántica es una mente consciente, que sabe con certeza que el espacio-tiempo es uno y que todo está en cada instante en un estado no manifestado. Para que se manifieste un pensamiento, se necesita una focalización, ser observador de un acontecimiento. Es muy importante controlar la observación, mantenerse alerta a los propios pensamientos sobre lo observado, porque una mente cuántica «sabe» que en cada momento determina lo que va a pasar con lo observado en el instante siguiente.

Todas las posibilidades están presentes en un instante que se llama «colapso de función de onda». Todas ellas se hallan en un estado de ondas de información y, cuando hay un observador, se colapsan y la información se manifiesta en forma de fotón. Es decir la onda colapsa en partícula. En este sentido resulta revelador el experimento de la doble rendija: se proyecta un haz de luz sobre una pantalla en la cual se coloca una placa con doble rendija, y en la pantalla se reflejara el patrón de ondas de interferencia. Cuando un observador realiza la medición, en la pantalla se refleja el colapso de la función de onda. Deducimos entonces, que el acto de observar hace que la onda colapse en partícula. Este experimento es muy importante para demostrar la influencia del observador.

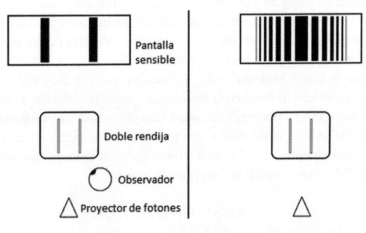

A película de los corpúsculos   B película de ondas de interferencia

Experimento de la doble rendija.
Dibujo de David Corbera.

Esto coincide con una enseñanza de *UCDM:*

> *Esto concuerda con la ley fundamental de la percepción: ves lo que crees que está ahí, y crees que está ahí porque quieres que lo esté.*[8]

> *Alegrémonos de que ves aquello que crees, y de que se te haya concedido poder cambiar tus creencias. El cuerpo simplemente te seguirá.*[9]

> *Tu mente es una luz tan potente que tú puedes contemplar las mentes de tus hermanos e iluminarlas, tal como yo puedo iluminar la tuya.*[10]

> *Es imposible no creer en lo que ves, pero es igualmente imposible ver lo que no crees.*[11]

De todo esto se deduce que una mente cuántica es una mente despierta, sabe que es creadora y que por ello debe estar constantemente alerta.

Una de las cosas que se aprende enseguida es que todo juicio que formulas lo acabas viviendo tú mismo en un futuro. Cuando condenas, te condenas a ti mismo a vivir lo que has condenado; de esta manera aprendes a perdonar. La mente cuántica lo sabe y, por ello, evita todo juicio. La mente cuántica NUNCA habla de los demás, porque hablar de los demás es hablar de uno mismo y, cuando se habla, el ego se pone en marcha. La mente cuántica solo habla de sí misma. Sabe que puede elegir y tomar decisiones, y que este poder está a su servicio todo el tiempo y en cada instante.

Cuando somos conscientes de nuestro poder y de que en cada instante estamos recolocándonos en este espacio-tiempo que llamamos mundo, entonces podemos decidir quiénes queremos ser con relación a lo que acontece a nuestro alrededor. Si vemos sufrimiento, aumentamos la creencia en él; si vemos dolor, sufrimos; si vemos escasez, nos empobrecemos. Nuestra percepción siempre refuerza lo que vemos; podemos percibir separación o unidad.

Todo lo que percibes da testimonio del sistema de pensamiento que quieres que sea verdadero. Cada uno de tus hermanos tiene el poder de liberarte, si tú decides ser libre.[12]

Por eso, lo que más necesitamos es sanar la percepción. *UCDM* nos enseña la percepción verdadera o inocente, que es aquella que no juzga nada y si se encuentra haciéndolo, pide Expiación por ella misma y por lo que ha visto en el otro.

LA COHERENCIA CUÁNTICA

Siempre hablo de la coherencia como del fundamento para sanar de cualquier enfermedad y para evitarla. Pero hay algo más importante todavía que quisiera recalcar en estas líneas. Cuando estás en coherencia emocional, el universo te entiende perfectamente y te envía situaciones de absoluta coherencia. Además, todas las personas que te rodean ven y perciben esa coherencia. Esto se debe a que tu coherencia se manifiesta, como todo, en el campo cuántico y este beneficia a todos, en especial a tu universo.

Por ello, cuando tomamos conciencia de algo, de alguna forma dotamos de coherencia muchas cosas en nuestros inconsciente y, por supuesto, en nuestro consciente. Una de las cosas que debemos hacer cuando tomamos conciencia es pasar a la acción. Porque, de lo contrario, esa coherencia se pierde y los resultados pueden ser todavía más catastróficos. Por ello, cuando uno de mis pacientes recibe una sesión de bioneuroemoción, cuya finalidad es tomar conciencia de las emociones ocultas, pero no pasa a la acción, los avances conseguidos en su sanación corporal se revierten y el mal se manifiesta con mayor intensidad. El universo no entiende que, cuando algo está claro y se conoce el camino o la dirección, no se actúe en consecuencia.

Según *El experimento de la intención,* de Lynne McTaggart, la coherencia cuántica tiene lugar cuando las partículas cuánticas, pueden ser los fotones, pierden su individualidad y empiezan a actuar como una unidad, algo parecido a un ejército que llama al frente a todos sus soldados. Como cada movimiento de cualquier partícula encargada de un proceso biológico queda reflejado en el campo punto cero, nuestra coherencia se extiende hacia el mundo. Según las leyes de la física clásica, y particularmente la ley de la entropía, el movimiento del mundo inanimado se orienta siempre hacia el caos y el desorden. Sin embargo, la coherencia de la conciencia representa la mayor forma de orden conocida en la naturaleza, y los estudios sugieren que este orden puede ayudar a conformar y crear orden en el mundo. Cuando deseamos algo o tenemos la intención de hacer algo, un acto que requiera unidad de pensamiento, nuestra coherencia podría ser contagiosa.[13]

De acuerdo con las leyes de la termodinámica, los objetos están sometidos a la entropía. Esto significa que su sistema se va desordenando con el tiempo y que, si estamos en coherencia, recuperamos un orden superior. Esto lo puedo trasladar a mi vida y a mi universo particular. Si estoy enfermo, mi cuerpo ha perdido coherencia. Para sanar, debo recuperarla. La coherencia cuántica podría revertir cualquier proceso degenerativo. Esta reflexión debería inspirar cambios profundos en nuestras vidas, lo que redundaría en un estado de salud óptimo.

Se ha demostrado que cuando una persona está en coherencia, todo a su alrededor se ve afectado. Cuando digo «todo a su alrededor», me refiero a cosas tan comunes como tu propio coche. Si pierdes tu coherencia cuántica, tu coche puede averiarse, por ejemplo. Recuerdo algo que me ocurrió hace ya unos años. Iba con un coche tipo furgoneta, en el que llevaba mi bicicleta de montaña. Cuando llegué al destino, este se detuvo. Sencillamente dejó de funcionar. Le pedí al universo coherencia en mi mente para que, a la hora de regresar, el coche funcionara otra vez. Lo hice con certeza, hasta tal punto que cogí mi bicicleta e hice el recorrido planeado con tranquilidad. Cuando volví al coche, este se puso en marcha y me llevó a casa. Digo «me llevó» porque, cuando llegué a mi casa, dejó de funcionar y, al día siguiente, tuve que llamar a la grúa para trasladarlo al taller.

Las partículas del campo cuántico afectan a todo y estas son a su vez afectadas por la mente del observador, por su forma de pensar y ver las cosas.

UCDM reflexiona:

> La percepción es la elección de lo que quieres ser, del mundo
> en el que quieres vivir y del estado en el que crees que tu mente
> se encontrará contenta y satisfecha. (…) y no da el más mínimo
> testimonio de nada que no esté de acuerdo con el propósito de tu
> mente.[14]

LAS LÍNEAS TEMPORALES RELATIVAS

Cada vez más científicos creen que existe más de una línea temporal, y no solo más de una, sino muchas. Estas líneas temporales coexistirían entre ellas, lo cual quiere decir que varias personas podrían estar viendo una misma situación, unas mismas circunstancias, un mismo campo de sucesos, desde una línea espacio-temporal distinta y, por lo tanto, las afectaría de una manera distinta.

Se afirma que los diferentes estados cuánticos posibles existen simultáneamente y que, al examinarlos y colapsar la función de ondas, se logra escoger en qué universo quedarse.

En cada instante de nuestras vidas podemos colapsar de diferentes maneras la percepción de un suceso. Así, aquello que tenía que ocurrir no ocurre, porque nos encontramos en otra línea temporal. Esto es lo que he intentado explicar hasta ahora, aplicando diversas teorías de la física cuántica y relacionándolas con el *poder de decisión* y de *doblar el tiempo*.

La teoría de Einstein lo explica de otra manera, pero no creo que el resultado varíe mucho:

Si un individuo viaja en el tiempo y evita su propio nacimiento no tiene por qué desaparecer o «desvanecerse»; seguiría existiendo, pero quizás con alguna diferencia. Tal vez él mismo sea el único que tiene conciencia de su existencia y todos los demás jamás se habrían enterado de que existió.[15]

Lo que sí parece claro es que mi intencionalidad determinará un efecto en el campo cuántico en cualquier suceso de mi vida, y que este efecto, a su vez, creará condiciones diferentes a las que me encontraría si no dirigiera esa intencionalidad.

Una de las cosas que cabe preguntarse es qué respuesta debemos dar en cada situación.

Los principios de *UCDM*, llenos de luz y de amor, nos guían a la hora de elegir. (Cosa que no hacen los científicos cuánticos, porque la mayoría de ellos reflexionan desde el ego, desde la dualidad y, por ello, a algunos les cuesta tanto aplicar estos principios a sus vidas cotidianas. No es el caso, por ejemplo, de David Bohm, con su teoría del orden implicado y del orden explicado).

> *En la quietud todas las cosas reciben respuesta y todo problema queda resuelto serenamente.[16]*

> *Por eso es por lo que el tiempo no tiene nada que ver con la solución de ningún problema, ya que cualquiera de ellos puede ser resuelto ahora mismo.[17]*

Una mente en paz es creativa, escucha en su interior lo que debe hacer en cada momento. Cuando estás en paz, no creas enemigos. Eres consciente de que eres el creador del miedo y de que este alimenta situaciones que te lo hacen experimentar.

Por eso, el auténtico poder no se opone a nada; es el poder de la quietud mental, del no juicio, de la mente que se halla presente en el aquí y ahora y que sabe que pude decidir el instante siguiente si se halla en paz.

*La imagen de tu hermano que ves no significa nada. No hay
nada en ella que atacar o negar, amar u odiar, dotar de poder
(...) La imagen de tu hermano que tú ves jamás ha estado ahí
ni jamás ha existido. Deja, pues, que el espacio vacío que ocupa
se reconozca como vacante, y que el tiempo que se haya dedicado
a verla se perciba como un tiempo desperdiciado en vano, un
intervalo de tiempo en blanco.*[18]

*No conoces la paz del poder que no se opone a nada. Sin
embargo, ninguna otra clase de poder puede existir en absoluto.*[19]

CONECTARSE CON EL CORAZÓN

El Instituto HeartMath dice que: «Regular las emociones
humanas es el próximo paso en la evolución humana».

¿Qué es lo que hace que, al observar, nos emocionemos?

¿Qué proyecta nuestra mente cuando vemos algo y experimentamos emociones?

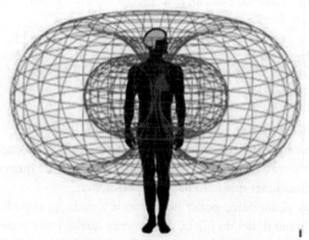

© Institute of HeartMath Research Center.
Ilustración artística del campo electromagnético del corazón.

¿Qué son las emociones? ¿Qué es lo que nos emociona? Y ¿por qué a todos no nos emociona lo mismo?

Recuerdo que, al celebrar el final de un curso en Córdoba, una cantante de ópera cantó como agradecimiento por lo que los vídeos que habíamos colgado en internet habían hecho por su salud. Sentir su voz fue un impacto; todos nos pusimos a llorar al instante. En mi corazón, sentía una fuerte opresión, como si mi pecho fuera a estallar; parecía un amago de ataque al corazón. Mis emociones eran tan intensas que no cabían en mi ser; todo era sensación, emoción, llorar y llorar. Lo más impactante fue que nadie podía controlar este fenómeno. ¿Dónde estaba la mente racional? Era algo brutal, como un maremoto. Solamente podíamos dejarnos llevar por ese vendaval de energía que resonaba con estruendo en cada uno de los corazones. Era imposible resistirse; había que dejarse fluir. Nunca en mi vida he sentido un agradecimiento tan profundo desde el corazón.

¿Qué hay en nuestros corazones que provoque esta reacción emocional?

El átomo primordial es el átomo que contiene toda la información del universo. Posee una energía inconmensurable; es el átomo de la información. Contiene todas las posibilidades y habita en el corazón; lleva la información más preciada para cada uno. Siempre se nos ha dicho que debemos escuchar nuestro corazón, que el corazón tiene razones que la mente no alcanza a comprender.

Sabemos que el corazón tiene memoria y que tiene neuronas. Según algunos expertos, unas cuarenta mil. El corazón es nuestro guía en las decisiones importantes. Cuando lo escuchamos, no hay razones que nos impidan hacer aquello que sentimos. Lucha contra viento y marea; su saber es irracional. Tenemos la certeza de que el camino que nos señala es el que debemos seguir.

La inteligencia del corazón es emocional. Solamente se manifiesta cuando sentimos emociones, entonces nos expresamos emocionalmente. Si queremos interactuar con los demás, si realmente deseamos llegar a ellos, no podremos hacerlo con la mente racional. Sí con la mente emocional, que habita en los corazones.

Se trata de una inteligencia holística, una inteligencia que piensa en la globalidad, no en la individualidad. Siempre piensa en la cooperación, no en la competición. Es una inteligencia que sabe que la única forma de tener es dar, pero dar por placer. Es una inteligencia que no espera; que no tiene expectativas. Que está viva siempre en el momento presente; no va más allá del tiempo y del espacio; cada momento es un instante sagrado, un instante que te une con todo y con todos, en el que el tiempo se detiene y se convierte en eterno. Cuando la mente escucha al corazón, entra en un estado cuántico, todo es, todo se puede manifestar. La mente se mantiene en un estado creativo, conectada con el espíritu universal, al que *UCDM* llama el Espíritu Santo.

El Espíritu Santo se halla en el átomo primordial, porque Él alimenta nuestras almas con esta energía suprema, divina, energía creadora de la vida en un eterno ahora, en que la mente simplemente escucha una Sabiduría que sabe que no es suya.

Es una mente en paz. *UCDM* lo expresa de la siguiente manera: «La mente que ha sanado no planifica. Simplemente lleva a cabo los planes que recibe al escuchar a una Sabiduría que no es la suya».[20] Considero que las emociones son el soporte físico de los mensajes del corazón. Este no se expresa con palabras ni razonamientos, simplemente lo hace con las emociones. Por lo tanto, estas son el código de expresión de nuestras almas. Cuando las almas quieren expresar algo muy importante para nuestro quehacer en este mundo, nos envían mensajes mediante emociones o situaciones que nos emocionan. Si la emoción se refleja en el cuerpo, este reacciona biológicamente. Y si la mente, el corazón y los actos están en coherencia, me siento pleno, realizado, en paz.

Solo hay dos emociones: el miedo y el amor. El miedo se expresa a través de una variedad de emociones, y todas ellas derivan de la creencia en la separación, en la soledad, en la carencia. El amor, no el querer, es una emoción única, plena. Surge de la certeza de que la fuerza que lo alimenta todo también nutre la mente que se alinea con la emoción del amor.

Hace muy poco viví dos acontecimientos casi simultáneos, que me hicieron llorar sin contención. En las dos ocasiones, la emoción embargó mi corazón y solo podía llorar. Sabía que una fuerza, una información, atravesaba mi pecho y me armonizaba con mis actos. En primer lugar, se me ofreció la oportunidad de dar, y di. La persona que me había llamado por teléfono para hacerme la propuesta me dijo: «¿Está usted seguro de que quiere dar esta cantidad cada mes?». «Sí», respondí. Ella se emocionó y me envió un abrazo. Un momento más tarde, me llegó un *e-mail* maravilloso. Se me invitaba a colaborar en un documental, titulado «Tu vida, tu creación», con personas que para mí son unos «monstruos» de la comunicación, son y han sido referentes en mi vida. ¡Y se me daba la oportunidad de colaborar y estar con ellos! La persona que me envió el correo —guardo su anonimato— era un embajador de la paz en el mundo, reconocido por la Unesco. Al día siguiente se me propuso ser embajador de la paz en el mundo por el trabajo que realizo desde hace años, a través de cursos, conferencias y vídeos colgados en la red.

Cuando terminé de leer ese correo, no pude evitar llorar. Todavía ignoro por qué lloraba, pero no podía controlarlo. Nunca he esperado nada a cambio de lo que he dado y doy. Simplemente escucho mi corazón y, cuando siento como unas cosquillas en él, actúo según lo que siento. Nada más.

> *Hay un lugar en ti donde hay perfecta paz. Hay un lugar en ti en el que nada es imposible. Hay un lugar en ti donde mora la fortaleza de Dios.*[21]

En el *Curso* hay una declaración extraordinaria titulada: «No tengo que hacer nada».

Veamos una parte de ella: «El que no tiene que hacer nada no tiene necesidad de tiempo. No hacer nada es descansar, y crear un lugar dentro de ti donde la actividad del cuerpo cesa de exigir su atención. A ese lugar llega el Espíritu Santo, y ahí mora. Permanecerá ahí cuando tú te olvides y las actividades del cuerpo vuelvan a abarrotar tu mente consciente. Mas ese lugar de reposo al que siempre puedes volver siempre estará ahí. Y serás más consciente de este tranquilo centro de la tormenta, que de toda su rugiente actividad. Este tranquilo centro en el que no haces nada; permanecerá contigo, brindándote descanso en medio del ajetreo de cualquier actividad a la que se te envíe. Pues desde este centro se te enseñará a utilizar el cuerpo impecablemente. Este centro, del que el cuerpo está ausente, es lo que hará que también esté ausente de tu conciencia».[22]

UCDM nos enseña a encontrar la coherencia aprendiendo a escuchar al corazón. No lo dice literalmente, pero enseña a escuchar la Voz que no separa, la Voz que guía para tomar decisiones. Una Voz que no es arrogante, no da órdenes, simplemente da paz. Esta Voz que oímos en el corazón puede influir en nuestra mente dividida y coaccionada por el miedo, dándole la oportunidad de pensar con coherencia, de alinear los pensamientos de la mente con los sentimientos que emanan del corazón. Entonces, nuestros actos serán coherentes y podremos lidiar con las situaciones estresantes con otra perspectiva.

Howard Martin, uno de los pioneros del Instituto HeartMath, dice que, cuando estamos en coherencia, tenemos una mayor claridad de pensamiento y una mayor habilidad para controlar y gestionar las emociones, de manera que podemos reducir el estrés. El estado de coherencia resulta bueno para la salud, para el cuerpo, para el sistema nervioso, para el corazón físico. Se liberan hormonas regenerativas que activan las funciones cerebrales. Es un estado en el que estamos muy conscientes.[23] El estado de coherencia, del cual hablo constantemente en mis charlas y cursos, es un estado en el cual se encuentra mi mente cuando está alineada con los sentimientos de mi corazón y con las acciones que mi yo realiza. A esto lo llamo un estado de coherencia humana, que es la coherencia mínima para conservar la buena salud física y mental. Hay un estado de coherencia superior: el que nos enseña el *Curso*. Un estado en el que no tengo que elegir, un estado de dejar fluir, de no hacer nada, de entregarse a los dictados del Espíritu Santo. Yo lo llamo la coherencia cuántica: todas las partículas atómicas se alienan frente a mi voluntad creadora, prestas a colapsarse y manifestarse en mi vida en forma de sincronías, de encuentros, de recursos, de capacitaciones, de resultados, de nuevas potencialidades fruto de una mente libre de preocupaciones y plenamente ocupada en seguir los dictados de su corazón. Un corazón iluminado por la luz del Espíritu Santo, que nos transmite certeza acerca de qué hay que hacer y adónde se debe ir.

> *Los Hijos de Dios tienen el derecho al perfecto bienestar que resulta de tener perfecta confianza. Hasta que no logran esto, se agotan a sí mismos y desperdician sus verdaderos poderes creativos en... medios inadecuados.*[24]

> *Yo te dirigiré allí donde puedas ser verdaderamente servicial, y a quien pueda seguir mi dirección a través de ti.*[25]

EL PERDÓN

Hay muchas personas que quieren liberarse de las ataduras del mundo, personas muy bien intencionadas, con ganas de mejorar y alcanzar el camino de la iluminación. El mundo les ofrece muchas maneras de conseguirlo: meditaciones, contemplaciones, una gran variedad de ejercicios, tipos de alimentación, etcétera. Todo ello requiere tiempo, sacrificios, caídas en el camino, sentimientos de culpa y la trampa del ego espiritual.

El ego espiritual se alimenta de todos tus esfuerzos para mejorar. Te compara con los demás y te dice que eres mejor que los otros, porque has logrado un determinado nivel en alguna práctica, por ejemplo. El ego espiritual siempre ve el error en los demás. Te enseña que debes esforzarte, porque el camino a la iluminación es largo, arduo y no todos llegan. Es el gran maestro de la separación: ese es su único objetivo. Pretende que hagas grandes esfuerzos para iluminarte, pero que olvides lo más importante: tomar plena conciencia de que formas parte de todo y de todos, de que la separación es una ilusión que alimenta al ego y lo refuerza. El aspirante a la iluminación se rinde, no se siente capaz de seguir, la culpabilidad lo abruma. Las cosas del mundo lo arrastran con su inercia; percibe el sacrificio que se le pide como un obstáculo insalvable. El miedo atenaza su vida y deja de sonreír para esperar la muerte. Al final, alguien con el ego espiritual muy hinchado les dice: «No es tu momento, todavía no estás listo para recibir la gracia de Dios».

«NO TENGO QUE HACER NADA»

La liberación se te concede en el instante en que la desees. Son muchos los que se han pasado toda una vida preparándose y, ciertamente, han tenido sus momentos de éxito. Este curso no pretende enseñar más de lo que ellos aprendieron en el tiempo, pero sí se propone ahorrarlo. Tal vez estás tratando de seguir un camino muy largo hacia el objetivo que has aceptado. Es extremadamente difícil alcanzar la expiación luchando contra el pecado. Son muchos los esfuerzos que se llevan a cabo tratando de hacer santo aquello que se odia y se aborrece. No es necesario tampoco que dediques toda una vida a la contemplación, ni que te pases largos períodos de tiempo meditando con objeto de romper tu atadura al cuerpo. Todos estos intentos tendrán éxito a la larga, debido a su propósito. Pero los medios son tediosos y requieren mucho tiempo, pues todos ven la liberación de la condición actual de insuficiencia y falta de valor en el futuro.

Tu camino será diferente, no en cuanto a su propósito, sino en cuanto a los medios. La relación santa es un medio de ahorrar tiempo. Un instante que tú y tu hermano paséis juntos os restituye el universo a ambos. Ya estás listo. Ahora solo tienes que recordar que no tienes que hacer nada. Cuando la paz llega por fin a los que luchan contra la tentación y batallan para no sucumbir al pecado; cuando la luz llega por fin a la mente que se ha dedicado a la contemplación; o cuando finalmente alguien alcanza la meta, ese momento siempre viene acompañado de este feliz descubrimiento: «No tengo que hacer nada».[1]

En todas estas prácticas el perdón brilla por su ausencia y, si se recurre a él, siempre se trata del perdón del ego, el perdón que ve el pecado en el otro, el que ve la ofensa que se le hace. Entonces, el ego caritativo perdona. Lo hace como un acto de sacrificio; equivale a decir: «Tú me has ofendido y yo, que soy muy bueno, te perdono. —Y se podría añadir—: Pero no olvido».

El perdón del *ego caritativo* utiliza el sacrificio y el sufrimiento como los mayores alardes de su bondad. Con el perdón pretende demostrar que los demás son culpables de su sufrimiento, de su dolor. Se sacrifica con la esperanza de que el sacrificio sea un medio para acceder a los Cielos más elevados de los Cielos del Señor.

> *Soy tan incapaz de recibir sacrificios como lo es Dios, y todo sacrificio que te exiges a ti mismo me lo exiges a mí también. Debes reconocer que cualquier clase de sacrificio no es sino una limitación que se le impone al acto de dar.*[2]

> *... sacrificio no es amor, sino ataque.*[3]

> *Crees que todo el mundo exige algún sacrificio de ti, pero no te das cuenta de que eres tú el único que exige sacrificios, y únicamente de ti mismo.*[4]

> *Tú que crees que el sacrificio es amor debes aprender que el sacrifico no hace sino alejaros del amor.*[5]

> *La culpabilidad es la condición que da lugar al sacrificio, de la misma manera en que la paz es la condición que te permite ser consciente de tu relación con Dios.*[6]

> *De una forma u otra, toda relación que el ego entabla está basada en la idea de que sacrificándose a sí mismo él se engrandece. El «sacrificio», que él considera una purificación, es de hecho la raíz de su amargo resentimiento.*[7]

UCDM deja muy claro en sus páginas que el sacrificio y el sufrimiento están basados en la culpabilidad, en la carencia y, sobre todo, en una interpretación errónea de la naturaleza del perdón. Muchas personas se sacrifican porque no quieren hacer daño, sin darse cuenta de que el daño se lo hacen a sí mismas. Ofrecen su dolor como un sacrificio, para demostrar al mundo que son buenas y los demás no. Lo curioso es que estas personas enferman y no quieren curarse, porque su enfermedad es la prueba de que los demás son culpables.

El sacrificio es un acto muy egoísta, porque en el fondo lo que se pretende es cambiar a los demás. El que se sacrifica se siente en posesión de la verdad, y se pregunta cómo es posible que los demás no se den cuenta de que ellos tienen la razón. Sufren en silencio, esperando que algún día los otros cambien para poder ser felices. Curiosamente, esperan de los demás un cambio que no haría ni Dios, pues, si Dios actuara en contra de la voluntad de Sus Hijos, lo haría en contra de su Santísima Voluntad, y ello es imposible. Recibí un mensaje de una persona que estaba cansada de vivir, cansada de que el mundo no fuera como ella pensaba que tenía que ser, de sacrificarse en vano para que el mundo fuera mejor. He aquí un ejemplo de sacrificio egoísta. Le contesté: «Estás cansada porque intentas hacer algo que ni Dios hace: atentar contra la libertad de las personas y el derecho de vivir como cada uno quiera. Deja de desear cambiar el mundo y cambia tu forma de verlo. Encontrarás descanso si vives tu vida y deja que los demás vivan la suya. Entonces tendrás paz y sentirás ganas de vivir».

A más de un paciente le he dicho: «¿Cómo es posible que tú, que eres tan bueno, que te sacrificas por tus hijos, por tu familia, estés enfermo y ellos no? ¿No será que luchas en silencio esperando que ellos actúen como a ti te gustaría? ¿No será que vives la vida de ellos y te olvidas de vivir la tuya? ¿No esperarás que ellos cambien, en vez de cambiar tú? ¿No será que justificas cualquier cosa con tal de no cambiar, que utilizas el victimismo para hacerlos sentir culpables y dominar su voluntad?». *UCDM* enseña que, en vez de querer llevar a cabo *la corrección,* hay que dejarla en manos del Espíritu Santo.

La corrección que tú quisieras llevar a cabo no puede sino causar separación, ya que esa es la función que tú le otorgaste.[8]

De acuerdo con esta interpretación de lo que significa corregir no podrás ver tus propios errores. Pues habrás trasladado el blanco de la corrección fuera de ti mismo, sobre uno que no puede ser parte de ti mientras esa percepción perdure. Aquel al que se condena jamás puede volver a formar parte del que lo acusa, quien lo odiaba y todavía lo sigue odiando por ser un símbolo de su propio miedo. He aquí a tu hermano, el blanco de tu odio, quien no es digno de formar parte de ti, y es, por lo tanto, algo externo a ti: la otra mitad, la que se repudia.[9]

La corrección debe dejarse en manos de Uno que sabe que la corrección y el perdón son lo mismo.[10]

EL PLAN DEL PERDÓN DEL ESPÍRITU SANTO

Según el *Curso*, «perdonar es pasar por alto».[11] Ello quiere decir que no percibes error ninguno en tu hermano, no pretendes corregirlo, lo aceptas tal cual lo ves. Comprendes que tu percepción solo es una manera más de ver las cosas; sabes que te proyectas en los demás; eres plenamente consciente de que tu hermano es un espejo y que solo gracias a él puedes verte a ti mismo.

El Espíritu Santo es nuestro guía para pasar por alto los errores de nuestros hermanos. No podemos hacerlo solos, porque nos duelen, nos molestan, los condenamos.

El *Curso* nos pide que entreguemos al Espíritu Santo nuestros juicios; Él nos enseñará a percibir sin juzgar. Esto pone nuestra mente en paz, que es una condición necesaria para superar los malestares físicos. Otra condición es el Perdón —lo escribo así, con mayúscula, para diferenciarlo del perdón del ego—; este siempre estará dirigido a nosotros mismos, porque somos nosotros los que vemos el pecado, la falta, el error. Somos nosotros los que sufrimos. Y debemos comprender que no hay nadie que nos haga sufrir, sino que sufrimos con aquello que creemos que nos hacen. Nadie nos insulta, no hay nadie que nos haga daño. Nos insultamos y nos hacemos daño a través de los demás. Por lo tanto, el Perdón, el auténtico Perdón, hay que aplicárselo a uno mismo.

Que se deriva de la aplicación del perdón del Espíritu Santo es que el tiempo se acorta. Es más: vives en otro espacio-tiempo, las cosas que antes te afectaban dejan de hacerlo. A eso el *Curso* lo llama ver más allá del error, saltar el tiempo lineal. Los acontecimientos se te pueden presentar al unísono, todo está allí para que tú escojas vivir lo que quieras en el momento que quieras. Es una experiencia que no se puede explicar; hay que vivirla. No olvidemos que *UCDM* no es un curso para entenderlo, sino para experimentarlo.

> *No obstante, el tiempo solo está a la espera del perdón para que las cosas del tiempo puedan desaparecer, ya que no son de ninguna utilidad.*[12]

Cuando se vive con el Perdón, uno se siente liberado de toda culpa. Esta desaparece cuando nos perdonamos por el daño inconsciente que nos venimos haciendo desde hace milenios. Debemos comprender que somos los únicos hacedores de cuanto nos sucede y que, si lo que nos hacemos nos duele, tenemos que perdonarnos. Este es el Plan de Expiación del Espíritu Santo que deshace el error.

En *Tu realidad inmortal*, Arten le dice a Gary que Expiación es igual a *apaciguamiento*,[13] que equivale a pacificación o reconciliación, conceptos que debemos aplicarnos a nosotros mismos, no a los demás. Yo me apaciguo, me pacifico, me reconcilio conmigo mismo.

JUZGAR FRENTE A PERDONAR

Ya he hablado bastante sobre la necesidad de no juzgar y de perdonar. Hay que dejar claro que son cosas distintas. Es obvio que, si no juzgas, no tienes que perdonar. Pero, aun así, queda mucha culpabilidad inconsciente que se manifestará en tu vida en forma de acontecimientos molestos o dolorosos, y entonces tendrás que perdonar.

Con la aplicación del Perdón se gana tiempo, porque el tiempo existe en la medida en que la culpa crece; existe gracias a la creencia en la culpabilidad, y esta siempre clama castigo, que, a su vez, se presenta a lo largo del tiempo. Cada vez que nos perdonamos, eliminamos una parte de esta culpa inconsciente y, entonces, el tiempo se acorta.

En el capítulo «La mente cuántica», hablé de dos partículas que interactúan y quedan conectadas entre sí para siempre, a pesar de estar separadas por años luz, y realicé una extrapolación al ámbito de la relación entre dos personas. Lo mismo es posible aplicarlo al perdón: si me perdono por el daño que me estoy haciendo a través del otro, libero al otro del daño que se hizo a sí mismo intentando dañarme. Dejo de juzgar y de juzgarme y aplico el Perdón. No debemos olvidar que la víctima también es el victimario, pues su conducta y su forma de ver y entender la vida la hacen vivir experiencias en las que busca un verdugo para poder ser víctima, y así ata al otro. Todo esto lo desarrollaré en el capítulo «Nuestros programas inconscientes».

He aquí una de las grandes aportaciones que podemos hacer para liberar el sufrimiento del mundo: no ver el error, perdonarnos si lo vemos entregándoselo al Espíritu Santo para que lo deshaga.

Así, reemplazamos el sistema de pensamiento del ego por el del Espíritu Santo. Se trata de una manera rápida de deshacer el ego que Jesús nos enseña en el *Curso* y que Gary R. Renard nos recuerda en su libro. Quiero terminar este capítulo con uno de sus párrafos:

> *El ahora no tiene significado mientras haya culpabilidad en la mente. Pero, cuando eres libre, te abres al presente interminable y la unidad con Dios. Y para añadir un punto, con el debido respeto, no deshaces la desaparición de Dios ignorándole. ¿Cómo puedes deshacer la sensación de separación de tu Fuente sin reconocer tu Fuente? Cualquiera que sea la razón que inventes para no hacerlo, la verdadera razón es la culpa, y el resultado, miedo de Él.* [14]

NUESTROS PROGRAMAS
INCONSCIENTES

Cuando les digo a mis oyentes, pacientes o estudiantes que somos como robots dirigidos por programas de los cuales no somos conscientes, sus caras no reflejan precisamente alegría. No nos damos cuenta de este gran engaño, aunque muchos presienten que el llamado libre albedrío está muy condicionado.

UCDM es uno de los pocos libros que definen muy bien la conciencia:

> *La conciencia —el nivel de la percepción— fue la primera división que se introdujo en la mente después de la separación, convirtiendo a la mente de esta manera en un instrumento perceptor en vez de en un instrumento creador. La conciencia ha sido correctamente identificada como perteneciente al ámbito del ego.*[1]

Esta definición iluminó mi trabajo de búsqueda de los programas inconscientes de las personas que vienen a consultarme al Centro de Investigación de las Emociones. Los pacientes llegan a nuestra consulta con todo tipo de síntomas: relaciones adictivas, dificultades para encontrar pareja, problemas de fertilidad, de dinero, negocios que no acaban de funcionar, impotencia, enfermedades variadas: neurológicas, degenerativas, mentales, cáncer, etcétera. Apliqué este concepto en mi consulta, partiendo de que la conciencia cree que sabe y elabora lo que llamo una historia, como explicación de las causas de todo lo que ocurre. Nos conformamos y, con nuestro libre albedrío, elegimos. Pero esta elección está mediatizada y controlada por las creencias inconscientes, por programas heredados de nuestros ancestros. Entonces, se nos repiten las mismas historias, aunque en contextos aparentemente diferentes. Nos sentimos víctimas de circunstancias externas, lo atribuimos todo a la mala suerte o a un mal karma. La realidad es mucho más simple: las historias personales son el reflejo de las historias inconscientes —la que yo llamo la historia oculta—, y solo cuando somos conscientes de esto, cuando comprendemos que nuestro libre albedrío es mínimo, podemos aplicarlo.

Cuando utilizo la conciencia para ver como mi inconsciente se proyecta en mi vida y en mis circunstancias, soy el observador de mis propios procesos mentales y entonces —¡oh, se hizo la luz!— veo lo que estaba oculto. Por ejemplo, que mi infertilidad se relaciona con una antepasada que tuvo muchos hijos no deseados, porque fue obligada a casarse con un hombre al que no quería y que abusaba de ella. O comprendo que mi violencia deriva de que, cuando estaba en el vientre de mi madre, no era deseado. O bien, que mis relación de pareja nunca llega a buen término porque mi abuela odiaba a los hombres. O que mi cáncer de mama tiene mucho que ver con los complejos de Edipo y de Electra, que me casé con mi padre simbólico, un padre que estaba ausente en mi vida, que nunca me reconoció. O que mi pareja era un hijo sobreprotegido por su madre, con problemas de adicciones, y es un inmaduro emocional. En el centro, hemos visto y comprobado todas estas historias y muchas más. Cuando el paciente toma conciencia de ellas, puede liberarse de muchos sentimientos, como la culpa; puede desprogramar, *desaprender* estos programas. Esto produce una gran liberación de energía, una descarga. El paciente se siente aliviado, como si se le quitara un peso de encima. Sabe que ahora sí: ahora puede tomar una decisión, libre de culpa y de miedo. Le pido que aplique el Perdón a su vida, que no haga juicios, que acepte sus experiencias, que agradezca esta toma de conciencia. Al hacerlo, la mente sana y el cuerpo reacciona en consonancia.

En su trabajo como psicólogos clínicos, Freud y Jung tuvieron que enfrentarse a las fuerzas que subyacen a la conciencia. Jung decidió separar el consciente del inconsciente en un punto muy avanzado del desarrollo, «aquel donde nos damos cuenta de nuestros propios procesos internos».[2] La mente consciente y la mente inconsciente son la muestra de la dualidad en la que nuestra mente vive. Vivimos en un mundo dual, en el cual hay cosas que queremos mantener ocultas a los ojos de los demás. Eso crea un gran «egregor»:[3] una entidad oculta, conformada por toda una serie de emociones y creencias escondidas que toman su fuerza de las mentes que viven las mismas emociones y prestan atención a las mismas creencias. Se crea una especie de energía cuántica que alimenta y se alimenta de todo este proceso mental. Esta energía, que es información, puede impregnar a algunos integrantes del árbol genealógico, que se sienten como dirigidos por una fuerza. En psicoanálisis, esto se relaciona con el síndrome del fantasma. De ahí la importancia de deshacer estos programas y de hacerlo de forma consciente.

Pero no olvidemos que todo es un sueño y que lo que percibimos como real es solo una consecuencia de nuestra mente dividida. Eso se podría explicar mediante la física cuántica: *somos seres no locales que vivimos una experiencia local.* Según este principio, no hay nada independiente y nada está desconectado. A nuestra sensación de estar desconectados de todo y de todos se la llama experiencia local. La física cuántica ha demostrado que todo está unido a través de una energía conocida como el campo.

Una de las maneras —por no decir «la manera»— de liberarnos de los programas inconscientes es mediante el Perdón. Si te niegas a practicar el Perdón en tu vida, tu sufrimiento emocional permanecerá.

Cuando te das cuenta de que tu vida está mediatizada por programas inconscientes, lejos de caer en el victimismo, debes aplicarte el Perdón a ti mismo, por el daño que te has hecho al aceptar estos programas tóxicos. Como decía en el capítulo anterior, si mis programas inconscientes son de víctima, el universo me enviará personas para que desarrolle este programa, hasta que me canse y aprenda una verdad superior: el respeto a mí mismo, expresado en una verdad ancestral: «Amar al prójimo como a ti mismo»; y yo añadiría: ni más ni menos.

UCDM dice cosas extraordinarias:

> *Hasta que no la superes eres libre de seguir crucificándote tan a menudo como quieras.*[4]

> *Una vez más nada de lo que haces, piensas o deseas es necesario para establecer tu valía.*[5]

> *Es imposible que un Hijo de Dios pueda amar a su prójimo de manera diferente de como se ama a sí mismo.*[6]

Al perdonarte, te liberas y liberas a todos tus ancestros. El Perdón deshace programas y te permite rehacer tu vida con más conciencia y con un libre albedrío más potente. Tu experiencia local trasciende la realidad no local de la experiencia. Y, cuando te liberas, todos aquellos que se experimentaron a sí mismos en diversas realidades locales inherentes a sus vidas también son afectados por este Perdón.

De esta manera, podemos trascender programas que han controlado nuestras vidas de forma inconsciente, y nos permitimos *elegir de nuevo* o, dicho de otra manera: nos reprogramamos.

> *Recuerda que todo es un sueño, y la medida de felicidad que encuentres en el sueño depende de tu perdón.*[7]

¿QUÉ IMPLICA TODO ESTO?

Pues implica la necesidad de despertar de este sueño en el que creemos que nada escapa a nuestra conciencia, despertar de la creencia de que la realidad es simplemente lo que percibimos, que no existe nada más que lo que captan nuestros sentidos. Que tú y yo estamos separados, que nuestras mentes también lo están, que vivimos en un mundo donde hay que protegerse de enemigos invisibles, a los cuales llamamos enfermedad. Necesitamos despertar de la creencia de que nacemos para morir. Este es un sueño de dolor, de sufrimiento, de escasez, un sueño donde nadie se fía de nadie, un sueño que siempre se nos presenta con dos caras: la cara de la inocencia, con la que el mundo se nos muestra, y la cara de la maldad, de la traición, del egoísmo.

Debemos escapar de esta esclavitud, de esta noria que gira y gira, que nos hace creer que nos movemos, que vamos a alguna parte. Pero la verdad es que repetimos nuestras historias sin saber cómo salir de ellas.

Por fin sé que estoy dormido, por fin sé que mi vida es un sinsentido, que las repeticiones se deben a programas inconscientes que no controlo y que mi conciencia me engaña. Por fin sé que vivo en un sueño de locura, en un mundo demente donde unos pocos controlan a muchos y estos muchos prefieren seguir dormidos, sentirse víctimas de las circunstancias y así justificar sus vidas de miseria, sus vidas pobres, repetitivas, vidas de miedo, vidas de fuga de este miedo en busca de instantes de un poco de felicidad, como las fiestas, en las que por unos momentos parece que nos podemos olvidar de todo. Pero enseguida nos encontramos nuevamente inmersos en esta soledad, atrapados en un miedo irracional.

Por fin sé que hay otra manera de vivir en este mundo, que mi forma de verlo, mi forma de pensarlo, puede cambiarlo.

¡Debo despertar!

LA SALIDA DE EGIPTO

Somos el pueblo elegido. No somos conscientes de ello porque vivimos en un mundo de pobreza, de trabajo duro, de servilismo, de rutina, sin saber muy bien por qué vivimos así. Un mundo lleno de ídolos que toman infinitas caras, y creemos que estos nos pueden proteger, no sabemos muy bien de qué. Creemos ser libres, capaces de escoger nuestro destino, pero vemos con sorpresa que nuestros salarios menguan, porque alguien inventó algo llamado inflación que nos empobrece y nos obliga a pagar mucho más por cualquier cosa que queramos adquirir. A esto lo llamamos vida. Buscamos la seguridad en nuestros hogares para protegernos, no se sabe bien de qué mal externo. Nos reunimos con personas en las que creemos que podemos confiar, pero estas tienen tanto miedo como nosotros, y fundamos nuestra amistad en un gran miedo a la soledad. Uniones que suman carencias, basadas en supuestos «si yo estoy contigo, tú debes estar conmigo»; uniones de pactos tácitos, que luego no se cumplen, y vivimos traiciones que no acabamos de comprender. Un mundo de locos, donde muchos se mueren de hambre, mientras otros hacen dietas para adelgazar; un mundo desequilibrado, gris, reiterativo. Un mundo de esclavitud, en el que se nos conceden momentos de aparente felicidad, para que de esta manera sigamos siendo esclavos de un sistema gobernado por un faraón que no vemos, pero cuya presencia intuimos.

Pasan los años y nos sentimos orgullosos porque nuestro mundo es mucho más cómodo que hace unos siglos. No vemos que la tecnología, que nos distrae y nos hace aparentemente más felices, nos ha esclavizado aún más. Ahora el faraón puede controlarnos con mayor facilidad; nos da «caramelos» para que pensemos que todo es más dulce, nos promete más libertad… Y yo pregunto: ¿qué libertad? La de escoger entre este u otro modelo de móvil, de coche, de zapatos, de ropa. Lo importante es que el faraón nos mantiene en un estado de insatisfacción permanente. Cuanto más tenemos, más necesitamos; nuestras relaciones aún no han empezado, cuando ya están terminando; el compromiso brilla por su ausencia. Nos refugiamos en las drogas, en el sexo; buscamos un disfrute que siempre resulta efímero y nos empuja a otro.

Mientras tanto, el faraón nos observa y se alimenta; se engrandece con nuestras idas y venidas, con nuestras necesidades. Somos como niños pequeños que buscan el siguiente juguete para sentirse felices. Pagamos cada día más por menos; nuestra libertad es aparente. Si no podemos salir de casa, nos refugiamos en el televisor, que ofrece sueños de toda clase y deja nuestros cerebros planos. Ya no pensamos o, mejor dicho, se nos hace pensar lo que el faraón quiere.

El faraón nos habla de enfermedad, de crisis, de producción, de estado de bienestar, de sacrificios, de sufrimientos, de esfuerzos, de inversión, de ahorro. Nos piden que confiemos en aquellos que tantas veces nos han empobrecido, que han especulado con nuestro dinero, con nuestra salud, en definitiva, con nuestras vidas. Enfermamos porque no encontramos salida a toda esta vorágine de sinsentido y demencia. Somos una pandilla de inconscientes que creemos tener la libertad de escoger en lo que solamente es un sueño. La ansiedad y la depresión son la manifestación mental de encontrarse en un callejón sin salida.

¡Quiero salir!

Para salir de todo esto, lo primero que debemos hacer es cambiar la percepción, la dirección en la que buscamos a los responsables.

Nuestra mirada debe dirigirse a nosotros mismos, pues somos los únicos responsables, aunque no culpables. ¿Qué debemos hacer? ¿Luchar? Eso es precisamente lo que no hay que hacer, la lucha contra algo lo refuerza y le da vida.

Nuestra mente debe entrar en la inocencia, porque la invulnerabilidad radica en la mente inocente. Hay que empezar a caminar por un sendero, por un desierto que nos lleve a la tierra prometida. ¡Vamos! Hay que entrenar la mente, disciplinarla para que haga algo a lo que no está acostumbrada. Una mente libre de juicios, una mente que sabe que nunca para y que no deja de fabricar nuestras vidas. Una mente que domina la empatía, que sabe cómo unirse a los demás, una mente dispuesta a no escuchar más la voz del faraón y a empezar a oír la Voz del Espíritu Santo. Esta Voz que no ordena, porque no es arrogante; es como un susurro que nos alienta a despertar, nos invita a salir del ciclo de la creencia en el sufrimiento, en la enfermedad, en los problemas, en las injusticias.

Durante esta travesía por el desierto, dudaremos si hemos hecho bien en abandonar las garras del faraón; pensaremos que hemos cometido un error, que nos estamos perdiendo. Pasaremos «penalidades», pero son estrictamente mentales. Nuestras neuronas empezarán a desencajarse físicamente, a cambiar de conexiones. Estamos cambiando de percepción, y ellas deben refrendar estos cambios en los cerebros. No dormiremos bien, tendremos pesadillas, nos cuestionaremos a nosotros mismos. Pero debemos estar tranquilos, puesto recibiremos el maná de las directrices del Espíritu Santo. Él nos alimentará con Su Voz, con su luz, con sincronías. No lo veremos, pero sabremos que siempre está ahí con nosotros. Lo observamos reflejado en todo lo que nos rodea; no podemos oír su Voz literalmente, porque todavía no estamos del todo despiertos.

En este espacio-tiempo que *UCDM* llama «la transición», cada uno de nosotros irá a su paso. Pero, antes de entrar en pleno desierto, tendremos que atravesar las aguas del Nilo. Este inmenso río

representa el caudal de nuestras emociones. Tenemos que aprender
a dominarlas. Solo cuando estemos listos, sus aguas se abrirán y nos
darán paso libre. No habrá vuelta atrás, es un camino sin retorno.
El desierto pondrá a cada uno en su sitio, le permitirá experimen-
tarse a sí mismo y abandonar los viejos juicios, mantener la calma
frente a las adversidades, confiar en que la Fuente proveerá lo que
necesitemos. Algunos dudarán y volverán a elevar los viejos ídolos.
Pero ya no hay vuelta atrás, pronto comprenderán que el dolor y
el sacrificio son ofrendas demasiado duras por las que se reciben
pocos beneficios. Reemprenderán su camino hacia la tierra prometida; allí los espera agua fresca y dulce miel.

En el camino, todos aprendemos que no somos los elegidos, sino
los que se eligen a sí mismos. Aprendemos a trascender lo que antes
nos maniataba y nos enfermaba.

PROBLEMAS

Empecemos por los problemas, mejor dicho, por la creencia en
ellos. Aprendemos que los atraemos a nuestras vidas porque creemos
que es posible que estos aparezcan. *UCDM* ofrece la solución:

> *Es fácil entender las razones por las que no le pides al Espíritu
> Santo que resuelva todos tus problemas por ti. Para Él no es más
> difícil resolver unos que otros. Todos los problemas son iguales
> para Él, puesto que cada uno se resuelve de la misma manera y
> con el mismo enfoque.*[1]

> *Un problema puede manifestarse de muchas maneras, y lo
> hará mientras el problema persista. De nada sirve intentar resol-
> verlo de una manera especial.*[2]

Esta es la solución que nos enseña el Espíritu Santo: Para Él,
todos ellos son el mismo problema porque cada uno, independien-
temente de la forma en que parezca manifestarse, exige que alguien

pierda y sacrifique algo para que tú puedas ganar. Mas solo cuando la situación se resuelve de tal manera que nadie pierde desaparece el problema, pues no era más que un error de percepción que ahora ha sido corregido.[3] Y el *Curso* nos sigue iluminando con sus enseñanzas, que trascienden todo: Es imposible perder, y creer lo contrario es un error. Tú no tienes problemas, aunque pienses que los tienes.[4] Todo problema es un error. Es una injusticia contra el Hijo de Dios, y, por lo tanto, no es verdad.[5] En nuestro deambular por el desierto de la transición, aprendemos que no tenemos problemas; que estaremos en paz si entregamos al Espíritu Santo nuestro quehacer diario y vivimos con la certeza de que se nos proveerá lo mejor en cada momento.

En este proceso de transición, no hemos de olvidar la práctica constante del Perdón, tal como lo hemos ido definiendo hasta ahora bajo la luz del *Curso*.

Los problemas se convertirán en oportunidades para aprender, para conocernos a nosotros mismos y valorarnos. Nos enseñarán y creceremos con ellos, ya no serán obstáculos en el camino, sino oportunidades para elegir quiénes queremos ser.

> *Lo que una vez pareció ser un problema especial, un error sin solución o una aflicción incurable, ha sido trasformado en una bendición universal.*[6]

LAS INJUSTICIAS

Ahora ya sabemos que las injusticias no son reales, sino maneras de ver y de vivir las diversas situaciones.

Cuando en la transición vamos desarrollando nuestra mente cuántica y comprendemos que nosotros atraemos lo que se nos presenta en nuestra vida, porque nunca hemos dejado de ser creadores, entonces debemos plantearnos vivir de otra manera.

En este camino por el desierto, lo que más necesitamos es sanar la percepción y aplicar el Perdón. No me cansaré de repetirlo, para que no se olvide, porque sé que nunca se reiteran suficientemente las cosas. Hay que repetirlas hasta que circulen por la sangre y penetren en la médula.

> *En este mundo el perdón es el equivalente de lo que en el Cielo es la justicia.*[7]

UCDM recuerda el fin de la injusticia:

> *Tú no puedes ser tratado injustamente. La creencia de que puedes serlo es solo otra forma de la idea de que es otro, y no tú, quien te está privando de algo.*[8]

> *Cuídate de la tentación de percibirte a ti mismo como que se te está tratando injustamente.*[9]

> *Creer en las injusticias es creer que alguien es merecedor de castigo; es una forma de proyectar la culpabilidad y de no ver que se trata de nuestro justo merecido.*[10]

En este proceso de transición, que yo llamo la travesía del desierto, a medida que sanamos la percepción y aplicamos el Perdón, la distancia entre la causa y el efecto se va acortando hasta alcanzar un punto en el que la causa es igual al efecto.

ANTE LAS PUERTAS DE LA TIERRA PROMETIDA

Hemos llegado, por fin, al lugar que tanto anhelamos, allí donde todos los juicios se declaran nulos y la culpa y el pecado se deshacen. Es el fin de las injusticias, de los problemas, de los conceptos de sacrificio y sufrimiento. El ego es deshecho; nuestros ojos, cansados por el viaje, recuperan su esplendor y por fin vemos el mundo real.

> *Existe es una zona fronteriza en el pensamiento que se encuentra entre este mundo y el Cielo. (...) Nos hemos referido a ese lugar como el mundo real.*[11]

*Por fin hemos hallado la salvación, pero esta no está en el
Cielo, sino en su umbral. Esto es así porque lo único que debe
salvarse es la percepción.*

*La salvación es una zona fronteriza donde los conceptos de
lugar y tiempo, así como el de elegir, tienen aún significado, si
bien se puede ver que son temporales, que están fuera de lugar y
que toda elección ya se ha llevado a cabo.*[12]

Entonces, ahora ¿qué hay que hacer?

El último paso lo da Dios, pero tú aún puedes elegir. La elección en esta zona es muy simple: entras en el Cielo o vuelves al mundo del faraón para ayudar, con la luz del Espíritu Santo, a tus hermanos a despertar y hacer la travesía del desierto hacia la tierra prometida. Muchos entrarán en el Cielo y tendrán su bien merecido descanso. Pero comprenderán que su dicha no es total, porque no estarán completos, faltarán los hermanos que se han quedado con el faraón para unirse a las huestes de los que no han entrado y ayudarlos a comprender lo esencial: que todos somos UNO y todos debemos estar en el Cielo.

En este camino, descubrimos las leyes de la curación. Vamos a examinarlas detenidamente.

LAS LEYES DE LA CURACIÓN[13]

✓ **Toda enfermedad tiene su origen en la separación.** La parte y el todo son uno; tú y tu hermano no estáis separados, pues vuestras mentes están unidas. Vuestras relaciones son oportunidades para conoceros, y todo lo que sucede entre tú y él es lo mismo para ambos. Cuando comprendes esto, la enfermedad desaparece.

✓ **La culpabilidad clama castigo, y se le concede.** Si te sientes culpable, esta petición no pasa desapercibida y se otorga la respuesta. Todos los males que crees que te han hecho los has pedido tú cuando te alimentabas de culpa e intentabas proyectarla en todo el mundo.

✓ **Lo que se proyecta y parece ser externo a la mente no se encuentra afuera en absoluto, sino que es un efecto de lo que está adentro y no ha abandonado su fuente.** *UCDM* recuerda que hay que invertir las leyes de la percepción.

✓ **Ninguna ilusión tiene ni un ápice de verdad.** Podemos jerarquizar las ilusiones y determinar prioridades entre ellas, pero todas son falsas.

✓ **El pecado no es ni siquiera un error.** Pero la creencia en su realidad ha provocado que algunos errores parezcan estar más allá de toda esperanza de curación y representen la eterna justificación del infierno. Los pecados son simplemente creencias que justifican la separación entre nosotros.

✓ **El Perdón elimina lo que se interpone entre tu hermano y tú.** Es la máxima expresión de amor en este mundo y acorta el tiempo de una forma inconmensurable.

✓ **Si lo que tienes es lo que eres, es imposible perder nada.** El *Curso* nos recuerda que debemos desprendernos de nuestra pequeñez y comprender que no pedimos mucho, sino demasiado poco.

✓ **Causa y efecto no son dos cosas separadas, sino una sola.** Somos el efecto de una causa ancestral que trasciende todo el espacio y el tiempo.

✓ **Cada idea que la mente concibe solo sirve para aumentar su abundancia y nunca para disminuirla.** Esta ley, que es la ley de la abundancia, nos recuerda que el universo es abundante y que la Fuente de la cual mana todo no tiene fin. Esta ley funciona tanto para cosas vanas como para cosas santas.

✓ **Curar un efecto y no su causa tan solo provoca que el efecto cambie de forma.** Y esto no es liberación. En el mundo de la separación, queremos sanar el efecto y no buscamos la causa. Y, si la buscamos, lo hacemos como algo externo a nosotros, no en nuestro interior.

✓ **La crucifixión se abandona en la redención, porque, donde no hay dolor ni sufrimiento, no es necesaria la curación.** Esta ley de la curación me parece extraordinaria por su simpleza. Dejar de sufrir y de sentir dolor es nuestra opción.

✓ **Es natural usar el poder que Dios te ha dado como Él quiere que se use.** Somos Hijos de Dios. Por lo tanto, podemos usar Su poder, porque somos Uno con Él. Pidamos inspiración para ello.

✓ **Tu nombre ancestral es el nombre de todos ellos, tal como el de ellos es el tuyo.** Invoca el nombre de tu hermano y Dios te contestará, pues es a Él a quien invocas.

LA INTEGRACIÓN

La integración es el paso fundamental para la curación. Integrar y unificar son uno de los papeles que emplea el Espíritu Santo para la curación de una mente dividida.

Debemos de amar todos los aspectos de nosotros mismos, no debemos rechazar ninguno de ellos. Por eso *Un Curso de milagros* dice:

«Es imposible que un Hijo de Dios pueda amar a su prójimo de manera diferente de como se ama a sí mismo». T-5.In.3:6.

No hay que olvidar que el ego se hace fuerte en la lucha. El Espíritu Santo te ofrece la oportunidad de conocerte a ti mismo a través de los demás.

Un Curso de milagros nos dice: «Tiene que llevar a cabo Su labor mediante el uso de opuestos porque tiene que operar para una mente y con una mente que está en oposición». T-5.III.11:3.

EL DESPERTAR

*«El secreto de despertar a tu inmortalidad no reside en domi-
nar las cosas del mundo, sino en tu modo de mirar al mundo».*

Gary R. Renard [1]

*«Si prestas atención al mundo, a sus valores, te empobreces.
Si miras el corazón humano y los valores eternos que residen en
él, te enriqueces».*

Enric Corbera

Despertar es tomar conciencia de que el mundo en el que vives no
es real. Nuestros sentidos nos demuestran lo contrario; su función
consiste en medir, pesar, sentir y ver solamente una parte de lo que
llamamos realidad.

¿Cómo sabemos que nuestro mundo no es real? Porque cambia.

Cualquier cosa que puede ser destruida no es real.[2]

*Un ser humano es parte del todo que nosotros llamamos
«universo»; una parte limitada en el tiempo y en el espacio. Se
experimenta a sí mismo, sus pensamientos y sentimientos como
algo separado del resto —una especie de ilusión óptica de su conciencia—.[3]*

Todos sabemos, o deberíamos saber —lo recuerdo una vez más— que la percepción no es real. Siempre estamos interpretando, y esta interpretación determina nuestras vidas; nos hace experimentar en el cuerpo una serie de pensamientos, sentimientos y emociones.

Cuanto antes nos demos cuenta de que vivimos en un sueño regido por un programa que proyectamos en la pantalla del mundo, antes sanaremos de las heridas tanto físicas como mentales.

Uno de los errores fundamentales que cometemos es el de asignar distintos papeles a los personajes de nuestro sueño. Creemos que, si actuaran como a nosotros nos gusta, seríamos felices. ¡Cuántas veces habré oído en mi práctica clínica: «Ojalá mi madre me quisiera como a mí me gusta que me quieran»! ¡Uf! Proyectamos nuestras necesidades en los demás. ¡Cuántas veces habré dicho: «Libera a los otros de tus propias necesidades; libera a tu madre de la necesidad de quererte, deja que te quiera como ella sienta»! Este es un acto de amor.

UCDM es muy claro al respecto:

> Cuando te invade la ira, ¿no es acaso porque alguien no llevó a cabo la función que tú le habías asignado? [4]

> ¡Cuán felices serían tus sueños si no le adjudicases a cada una de las figuras que aparecen en ellos el papel que «debe» representar? [5]

¿CUÁNDO ENTRAMOS EN EL SUEÑO?

> Una vez que alguien queda atrapado en el mundo de la percepción, queda atrapado en un sueño. No puede escapar sin ayuda, porque todo lo que sus sentidos le muestran da fe de la realidad del sueño. [6]

Todas estas citas de *UCDM* nos enseñan cuán egoístas somos, pues acusamos a los demás de ser egoístas porque no hacen aquello que nos gustaría que hicieran.

Entonces, empleamos otras estrategias, como hacer sentir culpable al otro, ponernos enfermos, alterar nuestro estado de ánimo para que nuestro hermano crea que, al no cumplir el papel que le hemos asignado, nos hace daño.

Lo primero que hay que hacer es despertar en el sueño, no del sueño. Este paso es crucial para dar el siguiente, que es el despertar. Cuando despiertas en el sueño, sabes con certeza que todos los personajes que hay en él los has atraído tú mismo. Que puedes reforzarlo si lo quieres cambiar, y que se desvanece cuando no le prestas atención y decides vivir otro sueño en el sueño. El *Curso* habla de tener sueños felices.

> *Dije antes que el primer cambio que tiene que producirse antes de que los sueños desaparezcan es que tus sueños de miedo se conviertan en sueños felices.*[7]

> *Los sueños felices se vuelven reales, no porque sean sueños, sino únicamente porque son felices.*[8]

> *Se te ofrece un sueño en el que tu hermano es tu salvador, no tu enemigo acérrimo.*[9]

Estas citas de *UCDM* enseñan que nuestras vidas están determinadas en función de cómo queremos ver el mundo. Mas no hemos de olvidar que, para cambiar los sueños de miedo por sueños felices, hemos de aplicar el Perdón constantemente en ellos.

Si queremos despertar del sueño, hay que dejar de prestar atención a los valores del mundo. Hay que empezar a mirar los valores que anidan en todos los corazones, porque es allí donde está nuestro tesoro.

Cuando despertamos en el sueño, lo segundo de lo que nos damos cuenta es de que no estamos separados de nadie ni de nada. Todo lo que nos rodea habla de nosotros, forma parte de nosotros. Si lo atacamos, nos empobrecemos. Si lo integramos, nos enriquecemos.

Otra cosa que nos mantiene atados a los sueños es la creencia en el dolor y en el placer como maneras de vivir. El dolor nos muestra que el cuerpo es real.

> *El dolor exige atención, quitándosela así al Espíritu Santo y centrándola en sí mismo. Su propósito es el mismo que el del placer, pues ambos son medios de otorgar realidad al cuerpo.*[10]

Otra de las cosas que aprendes cuando despiertas en el sueño es que ya no quieres sufrir más, y esto se hace muy fácil cuando ya no quieres convencer a nadie de nada.

El dolor siempre se produce cuando quieres cambiar algo de tu sueño y para ello empleas el sacrificio. Este sacrificio se convierte a la larga, en dolor emocional y se traduce en síntomas físicos.

El sueño se sustenta en la creencia de que la soledad y la separación no solo son posibles, sino reales. Entonces el ego te hace vivir en el miedo y tú empiezas a buscar afuera las soluciones a tu soledad. Despertar implica saber que afuera no hay nada que pueda hacerte feliz. Que tu sufrimiento consiste en la creencia de que hay algo afuera que deseas. El miedo es el mayor obstáculo para despertar.

Cuando pedimos un milagro, en realidad lo que pedimos es que se deshaga la percepción que tenemos del mundo que nos rodea. Por eso *UCDM* dice: «El milagro te devuelve la causa del miedo a ti que lo inventaste. Pero también te muestra que, al no tener efectos, no es realmente una causa porque la función de lo causativo es producir efectos».[11] Bien, ya estamos despertando, aplicamos el Perdón a nuestras vidas, dejamos de imponer papeles a los demás, o sea, dejamos de ser guionistas y, para completar nuestra receta del despertar, seguimos inspirándonos en *UCDM*: «Para despertar, por lo tanto, tiene que dejar de juzgar».[12] Cuando despertemos en el sueño, seguiremos soñando. Pero a este sueño se lo llama sueño real. En él, ya no son posibles el miedo ni la enfermedad; ya no hacen falta los ídolos que nos protejan de todo mal y sus personajes ya no son traicioneros. Todo ello es posible porque nuestra mente se ha transformado en una mente inocente que no tiene conciencia del mal y, por lo tanto, no existe en su mundo.

Para despertar, hay que aplicar la máxima metafísica del *Curso*: el mundo no existe y el cuerpo tampoco.

> *¡El mundo no existe! Este es el pensamiento básico que este Curso se propone enseñar.*[13]

«El cuerpo es algo externo a ti, y solo da la impresión de rodearte, de aislarte de los demás y de mantenerte separado de ellos y a ellos de ti. Pero el cuerpo no existe.[14] Quiero recordar que, para hacer y estudiar *UCDM*, no hay que creer en él. No hay que creer en lo que dice; lo que hay que hacer es ponerlo en práctica. Es un curso de autoaplicación, un recurso de enseñanza radical, y hay que practicar sus ideas cada día. El *Curso* no se aprende intelectualmente; es una experiencia única para cada uno.

Hay una frase de Arten en el libro de Gary R. Renard que me encanta:

> Algunas personas que han estado estudiando *Un curso de milagros* durante mucho tiempo se consideran muy inteligentes. Piensan que conocen el significado del *Curso*. En algunos casos tal vez lo conozcan, y en otros casos tal vez no. Sin embargo, lo importante es que tomes tu comprensión del *Curso*, cualquiera que sea, y la apliques.[15]

Repito que el *Curso* no hay que entenderlo intelectualmente. Aprenderlo no es una cuestión de inteligencia, sino de aplicar el Perdón y el no juicio. Cuando hacemos esto, nuestro mundo, nuestro universo, cambia. Nos sentimos seguros y en paz. Hay mucho que perdonar y hay que entrenar la mente para no emitir juicios, para percibir sin juzgar. Pero, para ello, debemos solicitar la ayuda del Espíritu Santo.

Otra cosa muy importante para despertar es la plena comprensión de que el dolor que experimentamos en este mundo es el resultado de la culpa inconsciente. Por eso la única cura es el Perdón.

Cuando adquieres cierta práctica en la aplicación del Perdón y del no juicio, tu mente entra en un estado de quietud. Observas el mundo y no piensas nada, no ves pensamientos en tu mente. Simplemente observas y dejas que tu corazón te diga lo que debes hacer, si es que debes hacer algo. Al mirar el mundo sin hacer juicio alguno, le quitas fuerza y, con ello, consigues que «esta realidad» —la ilusión— no te afecte.

Una mente tranquila no es un regalo baladí.[16]

EL NUEVO COMIENZO

Bien, ya has despertado en el sueño. Ahora quizás te preguntes qué es lo que debes hacer. Porque estás acostumbrado a tomar decisiones. Lo has hecho constantemente, aunque no siempre hayas sido consciente.

Lo primero que debes tener claro es que no tienes que preocuparte por los pasos que has de dar. Ya eres consciente del Espíritu Santo en ti, ya sabes que serás guiado si mantienes la mente tranquila, que es algo que ya sabes hacer.

Cuando nos encontremos mal, porque sentimos un leve pinchazo en el estómago, un dolor de cabeza, cualquier molestia, debemos reflexionar, aquietar la mente y observar qué juicio ha pasado por nuestra mente sin que hayamos sido conscientes.

Si ya es demasiado tarde y hemos suscitado un ataque, hay que aplicar rápidamente el perdón y dejar de hurgar en el acontecimiento doloroso. Si no lo conseguimos, declaremos que no queremos sentirnos de esa manera y demos un gran paso hacia el autoconocimiento al afirmar: «He estado equivocado; el error es mío».

Cuando reconocemos que somos los autores de lo que vivimos, podemos hacer otra declaración no menos importante:

«QUIERO VER ESTO DE OTRA MANERA».[1]

Esta afirmación es una invitación a que se nos ilumine con otra percepción, pues estamos dispuestos a ver lo que necesitamos ver.

UCDM enseña en esta lección algo muy importante: que el día no transcurre por azar.

> *La clase de día que tienes lo determina aquello con lo que eliges vivirlo, y la manera en que percibe tu felicidad el amigo a quien acudes en busca de consejo.*[2]

> *Pues tu consejero y tú tenéis que estar de acuerdo con respecto a lo que deseas antes de que pueda ocurrir.*[3]

> *Hoy solo se necesitan dos que deseen gozar de felicidad para que se la ofrezcan al mundo entero.*[4]

¿EN QUÉ CONSISTE EL LIBRE ALBEDRÍO?

Consiste en escuchar al Espíritu Santo, porque no sabemos lo que es mejor para nosotros. Cuando no sepas qué hacer o adónde ir, observa lo que te atormenta y escucha tu corazón.

El Espíritu Santo te recuerda: ...«que tu voluntad no es odiar ni ser prisionero del miedo, un esclavo de la muerte o una insignificante criatura de escasa vida».[5] Nuestra voluntad, la del Hijo de Dios, consiste en salvar al mundo mediante nuestra propia salvación. Para ello, debemos bendecir al mundo, pues, si lo condenamos, nos condenamos a nosotros mismos.

En este nuevo comienzo tenemos que ser plenamente conscientes de que la mente alberga todos los pensamientos, porque nuestra mente es una con la mente de Dios.

> *Los pensamientos parecen ir y venir. Sin embargo, lo único que esto significa es que algunas veces eres consciente de ellos y otras no.*[6]

Hay un pensamiento que espera ser consciente en nuestras mentes, un pensamiento al que no lo afectan el miedo ni todas las historias que parecen ocurrir en el mundo.

...dicho Pensamiento descansa en la certeza. y en perfecta paz[7]

Entonces, nuestra mente ya no se dejará engañar por las apariencias. Estará más allá del engaño, porque no volverá a creer en ídolos de ninguna clase.

Ya seguimos la máxima del *Curso* que dice: «Si perdonas al soñador, y percibes que él no es el sueño que él mismo tejió, no estas compartiendo con él su nefasto sueño. Por lo tanto, él no puede ser parte del tuyo, del cual ambos os liberáis».[8] Por fin vivimos en el mundo real, cuyo único propósito es perdonar. «Y se reconoce que todas las cosas primero deben ser perdonadas y luego comprendidas».[9] Ya sabemos que perdonar no es ningún sacrificio, que no se nos pide que perdonemos una ofensa, sino que no la veamos, porque esta no existe salvo en la mente que quiera ser ofendida.

Por todo ello, el perdón siempre está justificado.

Tú no perdonas lo imperdonable, ni pasas por alto un ataque real que merece castigo. (...) Si el perdón no estuviese justificado, se te estaría pidiendo que sacrificases tus derechos cuando devuelves perdón por ataque.[10]

En este nuevo comienzo ya no reforzamos los valores del mundo, ya no hay nada en ellos por lo que merezca la pena morir. Hemos de declararlos falsos, porque todo lo que hay en el mundo de la ilusión es irreal. Si quieres ser el salvador del mundo, no lo refuerces con tu percepción ni con tus juicios. No te unas al dolor; ofrece a tu hermano otra forma de verlo. Y esto se consigue siempre —repito: siempre— con el Perdón.

En este nuevo comienzo, ya no crees en las enfermedades como algo al margen de la mente. Sabes que al cuerpo lo enfermamos con la mente enferma. Una mente llena de juicios, de condenación; una mente controladora que desea que las cosas sean como ella quiere; que establece relaciones especiales, esperando obtener de ellas lo que cree que le falta. Una mente idólatra, que piensa que hay algo externo a ella que puede satisfacer sus necesidades antinaturales de encontrar la felicidad, de dar con algo que calme el dolor. Una mente que proyecta su necesidad en los demás, que proyecta su santidad en otros, capaz de adorar cualquier cosa, porque se siente separada de todo y de todos, y esto la llena de miedo.

UCDM declara:

> No hay prueba más contundente de que lo que deseas es la idolatría, que la creencia de que hay algunas clases de enfermedad y de desdicha que el perdón no puede sanar. Esto quiere decir que prefieres conservar algunos ídolos y que todavía no estás completamente listo para abandonarlos todos.[11]

LA NUEVA INTERPRETACIÓN

Hemos estado interpretando el mundo y nos hemos creído nuestras interpretaciones. Esto ha sido así porque hemos formulado juicios constantemente. Repito: lo que más necesitamos es sanar nuestras percepciones.

> Todo lo que ves afuera es el juicio de lo que viste dentro.[12]

> ...pues la mente que juzga se percibe a sí misma como separada de la mente a la que juzga, creyendo que, al castigar a otra mente, puede ella librarse del castigo.[13]

> Comprende que no reaccionas a nada directamente, sino a tu propia interpretación de ello. Tu interpretación, por lo tanto, se convierte en la justificación de tus reacciones. Por eso es por lo que analizar los motivos de los otros es peligroso.[14]

Ya no daremos significado a lo que no entendemos, ya no reforzaremos los sueños de separación de nuestros hermanos. No apoyaremos el sacrificio ni consideraremos que con él unos pierden y otros ganan. Ya no creeremos en la soledad, en la enfermedad, en la pérdida ni en el ataque. Sabremos que es de nuestra mente de donde todo procede y pediremos al Espíritu Santo que nos guíe y sane nuestra percepción del mundo.

Ya sabemos que lo falso es creer que lo que percibimos es verdad, y lo verdadero es que lo que percibimos somos nosotros mismos, es nuestro estado mental.

Sabemos que podemos ver las cosas del mundo de otra manera. Que lo que nos rodea forma parte de nosotros y lo hemos atraído hacia nosotros. Que podemos elegir entre ver la santidad de nuestro hermano o su cuerpo.

Sabemos que podemos integrar lo que tenemos delante o proyectarlo afuera, creyendo que de esta manera nos liberamos. Sabemos que la curación siempre es integración. Que vemos en los demás aquello que no podemos ver en nosotros mismos. Que debemos estar alegres de tener tantos espejos en los cuales nos podemos ver reflejados y tantas oportunidades de aplicar el Perdón.

«El secreto de la salvación no es sino este:
que eres tú el que se está haciendo todo esto a sí mismo».[15]

EL INSTANTE SANTO

Te permite vivir en el presente, lejos de las depresiones del pasado y de las ansiedades del futuro. En el instante santo, todas tus dudas quedan resueltas, porque ya no quieres que las cosas sean como a ti te gustaría que fuesen. Simplemente escuchas la respuesta que no está implícita en la pregunta y que te ofrece algo nuevo y diferente.

Descansa en la seguridad del instante santo, este instante expresa la eternidad y en Él desaparecen todas las sombras del pasado.

El tiempo deja de ser motivo de preocupación, porque sabes que cada instante de este llamado tiempo, puedes vivir la Eternidad.

Para vivir en el instante santo debes desprenderte de tu pequeñez y dejar todo juicio al lado.

Y como dice el *Curso*: «Abandona cualquier plan que hayas elaborado para tu salvación». T-15.IV.2:6

EL ARTE DE DESAPRENDER

Ya estamos llegando al final. Este libro no pretende otra cosa que cuestionar nuestra forma de ver y entender el mundo.

UCDM es un método de reaprendizaje cuyo primer paso consiste en tomar conciencia de que vivimos en un mundo de ilusión, y de que la enfermedad, la pérdida y la muerte no son reales, aunque las experimentemos así. Pues, si el mundo en que vivimos fuera real, ciertamente, Dios sería cruel.

En el mundo del miedo, aprendemos que las enfermedades son la manifestación de una lucha constante contra el tiempo; son la consecuencia de creer en la culpabilidad, en la separación, en la soledad y en que, para que alguien tenga, a otro le debe faltar, en el mundo hemos aprendido todo eso, hemos de desaprender y recordar la verdad de lo que somos.

Ahora sabemos que dar equivale a recibir; damos por el placer de dar y no para obtener; que la enfermedad es una manifestación de una falta de coherencia entre los pensamientos, los sentimientos y las acciones. Que la salud y la enfermedad se encuentran en el mismo sitio, o sea, en la mente. Por lo tanto es la mente la que debe ser sanada.

Recordamos que el miedo siempre es una tensión entre aquello que sentimos que debemos hacer y aquello que creemos que debemos hacer. Y que le damos demasiada importancia a lo que piensen los demás de nosotros. Que, por miedo a la soledad, nos «prostituimos mentalmente» con sonrisas falsas, con posturas estudiadas, engalanando el cuerpo y convirtiéndolo en templo del ego y en baremo de comparación.

Que podemos vivir en el miedo o en el amor, y que debemos dejar nuestras necesidades en manos de Aquel que sabe lo que es mejor para nosotros.

Que una mente inocente no juzga jamás. Que, cuando eliminemos todo juicio, veremos el mundo real. Sabemos que podemos entregar al Espíritu Santo nuestros errores y los que vemos en los hermanos para que los expíen.

Cuando llegamos a un punto en que no sabemos quiénes somos ni adónde vamos ni qué hacemos aquí, hemos alcanzado el feliz momento en que podemos decidir de nuevo.

Decido que si mi hermano me grita, es porque tiene miedo y me está pidiendo ayuda. Sé que los que actúan con egoísmo tienen miedo.

Decido ver la santidad de mi hermano y no unirme a sus sueños de sufrimiento y de dolor, porque sé que, si lo hago, los refuerzo en su mente y en la mía.

Decido no tener una mente enjuiciadora, tener una mente libre de juicio. Para que ello sea posible, entrego toda percepción que me moleste o me cause cierto desasosiego al Espíritu Santo, con el fin de que me dé una percepción perfecta.

Decido aplicar el Perdón constantemente, porque sé que con ello libero tiempo de todos. Soy consciente de que lo que más necesita el mundo es de Perdón.

Alegrémonos de... poder ver y cambiar nuestras creencias. De esta manera, el cuerpo se puede curar.

... ser conscientes de que los pecados que condenamos en nuestros hermanos los hemos condenado antes en nosotros mismos.

... saber que el cuerpo enferma porque la mente no ha aprendido a percibir correctamente y que la curación debemos pedirla para la mente.

… haber descubierto que el objetivo de los valores del mundo es mantener atada nuestra mente.

… habernos dado cuenta de que los conceptos mantienen vigente al mundo, que todos ellos son falsos y que, en la medida en que los deshacemos, nos liberamos de la atracción del mundo.

> *El concepto del yo ha sido siempre la gran preocupación del mundo. Y cada individuo cree que tiene que encontrar la solución al enigma de lo que él es. La salvación se puede considerar como el escape de todos los conceptos.*[1]

REAPRENDEMOS

UCDM nos dice:

> *Aprende ahora, sin dejarte abatir por ello, que no hay ninguna esperanza de encontrar respuesta alguna en el mundo.*[2]

> *Este curso solo intenta enseñarte que el poder de decisión no radica en elegir entre diferentes formas de lo que aún sigue siendo la misma ilusión y el mismo error. Todas las alternativas que el mundo ofrece se basan en esto: que eliges entre tu hermano y tú; que tú ganas en la misma medida que él pierde; y que lo que tú pierdes es lo que se le da a él.*[3]

> *La salvación es un deshacer. Si eliges ver el cuerpo, ves un mundo de separación, de cosas inconexas y de sucesos que no tienen ningún sentido.*[4]

«Aprende, pues, el feliz hábito de responder a toda tentación de percibirte a ti mismo débil y afligido con estas palabras:

> **Soy tal como Dios me creó. Su Hijo no puede sufrir.**
> **Y yo soy Su hijo».**[5]

EPÍLOGO

Este libro ha sido un camino, y espero que sea de autoconocimiento. Un libro para darnos cuenta de que somos guiados por programas inconscientes de los que nos podemos liberar para conquistar la tan anhelada libertad de escoger.

El libro nos habla del poder de decidir y de elegir. Explica que nuestra gran elección consiste en dejar que el Espíritu Santo nos guíe e ilumine en nuestro deambular por el mundo de la ilusión, hasta que despertemos en él y nos liberemos de este sueño.

Puede parecer que así renunciamos al libre albedrío. Pero el libre albedrío radica en darnos cuenta de que no sabemos qué es mejor para nosotros y en dejarnos «aconsejar», aunque siempre, en última instancia, somos nosotros quienes elegimos.

Ya somos conscientes de muchas cosas, y esto nos empuja a pasar a la acción. Por fin somos verdaderos creadores de nuestra vida. Ya no juzgamos, porque sabemos que se paga un precio muy alto por el juicio. Hasta ahora, creíamos que los juicios no iban a ninguna parte. Gracias a la física cuántica, hoy sabemos que todo es energía y que esta acaba tomando forma en algún lugar. Y muchas veces ese lugar es nuestro propio cuerpo; nuestras creencias y juicios convergen en él.

Llevamos eones juzgando, y ello nos hace percibir el tiempo como lineal; aplicar el Perdón en nuestra vida nos ahorra tiempo y sufrimientos.

Tomemos conciencia de que la curación está en nuestras manos. Como dice el *Curso*, nuestra mente está tan atrapada en la creencia en la enfermedad que exponernos a un milagro de curación nos produce miedo. Somos libres de recurrir a cuantos principios mágicos queramos, pero no olvidemos que la curación está en nuestra mente.

Es una alegría saber que nuestros problemas y sus soluciones están en el mismo lugar, en la mente. Por eso es tan importante sanar la percepción. Quizás sea lo más importante, pues nuestra mente constantemente crea la realidad y, si la mente está enferma, ¿cuál va ser nuestra experiencia?

La respuesta es muy simple: dolor, sufrimiento, escasez y enfermedad.

¡Sanemos!

Enric Corbera

239

ÍNDICE DE REFERENCIAS

INTRODUCCIÓN — PÁG. 7

1. T-1.II.7.

2. T-21.in.1

3. T-7.V.7:5-6

HAY VERDADES QUE VAN MÁS ALLÁ DE LAS VERDADES ESTABLECIDAS PÁG. 13

1. BOHR, Niels, «Discussion with Einstein on Epistemological Problems in Atomic Physics», en: Albert Einstein: Philosopher-Scientist, Peru, Illinois, Schilpp, 1949, p. 20. Información extraída del libro de Greeg Braden La verdad profunda, Sirio, Barcelona, , 2012.

2. BRADEN, Gregg, *La verdad profunda*, Sirio, Barcelona, 2012, p. 198. Edición original de 2011 publicada por Hay House Inc.

3. Ibídem, p. 199.

4. OCHANDO GONZÁLEZ, Dolores y TORMO GARRIDO, Antonio, «Joan Oró, la exobiología y el origen de la vida», Facultad de Biología, UCM.‹http://www.ucm.es/info/biologia/actualiz/temp/oro.htm›, consulta realizada el 23 de enero de 2013.

5. BRADEN, Gregg, op. cit., p. 200.

6. Ibídem, p. 203.

7. ‹http://www.elmundo.es/elmundo/2010/12/29/ciencia/1293614927.html›, consulta realizada el 26 de junio de 2013.

8. BRADEN, Gregg, op. cit., p. 207.

9. Ibídem, p. 207.

10. *The Expanded Quotable Einstein* Alice Caprice (ed.), , Princeton, Nueva Jersey, Princeton University Press, 2000, p. 220. Extraído del libro de Braden Gregg, op. cit., p. 211.

11. BRADEN, Gregg, op. cit., p. 198.

12. Ibídem, p. 209.

13. Se llama «materia oscura» a la mayor parte de la masa en el universo de composición desconocida, que no emite o refleja suficiente radiación electromagnética para ser captada directamente con los medios técnicos actuales.

14. ‹http://www.cienciapopular.com/n/Astronomia/El_Universo_Oscuro/El_Universo_Oscuro.php›

15. T-12.VIII.3.

16. Prefacio- xiii. § 1,2,3.

HABLEMOS DE LA SOMBRA, ESA GRAN DESCONOCIDA PÁG. 23

1. *Encuentro con la Sombra*, Kairós, Barcelona, 1991, ed. acargo de Connie Zweig y Jeremiah Abrams «Lo que sabe la sombra» de John A. Sanfor, p. 1.

2. Ibídem, p. 1.

3. Op.cit., «¿Qué es la sombra?» de John A. Sanford.

4. T-29.I.8:5.

240

5. Op.cit., «El cuerpo como sombra» de John P. Congen, p. 1.

6. Pierrakos, John C. , La anatomía del mal, Kairós, Barcelona,1991, cap. 13, p.1.

7. T-19.I.16:4-5.

MENTE ERRÓNEA-MENTE RECTA   Pág. 31

1. T-13.in.2:2-11

2. T-1.VI.2.

3. Prefacio-xiv.§2. Linea 9

4. Aristóteles, 360 a. C. «Revolución del alma», en: Pensamientossfilosóficoa,hhttps://sites. google.com/site/victorhugolmosolalde/home/pensamientos-filosoficos

5. T-2.I.5: 10-11.

6. T-2.IV.2:6.

7. T-2.III.3:6.

8. T-2. IV.2:8.

9. T-2. VI.9:8

10. T-2. VI.2:5-6

11. T-2. VI.4-6

12. T-2. VI.9:13-14

13. Renard, Gary R. , *La desaparición del universo*, Barcelona, El grano de mostaza, 2010, p p. 45 y 339.

LA DUALIDAD FRENTE A LA NO DUALIDAD   Pág. 37

1. T-2.IV.3:10-11.

2. T-2.VII.6:1-3.

3. Wapnick, Kenneth, *El mensaje de Un curso de milagros* , El Grano de Mostaza, Barcelona 2011, p. 367.

4. T-2.VI.2:7-8.

5. T-2.VI.9:8.

6. T-25.I.5:5-6.

EN BUSCA DE LA PERCEPCIÓN INOCENTE   Pág. 41

1. T-3.III.1:2.

2. T-3.IV:2.1-2

3. T-3.IV.5:3.

4. T-3.IV.6:1.

5. T-3.VII.5:1.

6. T-3.VI.2:7.

7. T-3.VI.1:4.

8. T-3.VI.2:12.

HABLEMOS DEL ESPÍRITU SANTO

1. MARCHAND, Alexander, *El universo es un sueño*, El Grano de Mostaza, Barcelona 2011, p. 31.

2. T-9.I.1.1.

3. T-5.V.1:3.

4. T-5.V.3:6-7.

5. RENARD, Gary R. ,*Tu realidad inmortal*, El Grano de Mostaza, Barcelona 2009, p. 288.

6. T-5.II.8.

7. T-5.II.6:5-6-7.

8. T-5.III.10-2.

9. T-5.IV.4:4-5.

10. T-5.VII.1:4.

11. T-5.VII.6:5.

12. M-5.III.2:1-2,4,6-10;3:4.

LA DINÁMICA DEL EGO

1. WAPNICK, Kenneth, *El mensaje de Un curso de milagros* , El Grano de Mostaza, Barcelona 2011, p. 483.

2. T-12.I.6:10.

3. T-12.I.7:1.

4. T-4.IV.5:5.

5. T-4.VI.3:8-9.

6. T-21.II.3:1.

7. T-21.II.3:2.

8. T-21.II.6:4.

9. WAPNICK, Kenneth, op. cit., p. 487.

10. T-13.VII.11:5-6; 12:1-2, 4-7; 13:1-2.

PROYECCIÓN FRENTE A EXTENSIÓN

1. T-16.II.9:1-2.

2. T-4.VII.8:8.

3. T-6.IV.10:1.

4. T-6.II.2:1-2.

5. T-6.II.3:1-3.

6. T-6.II.3:5-6.

7. T-6.II.4:3-4.

8. T-6.II.5:1-2.

9. T-6.II.9:1-7.(

10. T-6.II.12:1-3.

11. T-6.I:3.1-2.

12. T-6.V.A.3:2-3.

13. T-6.V.A.3:4.

14. T-6.V.A.5:5.

15. T-6.V.B.9:2

16. T-6.V. C.4:4,6.

17. T-6.V. C.10:1,4,9.

242

1. T-23.in.1:5-6.

2. T-5.VI.8:3.

3. T-15.VII.2:1-2; T-15.VII.2:5.

4. T-15.VII.):1;6:2.

5. T-15.X.5:7-9.

6. RENARD, Gary R., *La desaparición del universo*, El grano de mostaza, Barcelona, 2010.

7. T-17.III.10.1-8.

8. T-16.I.1:2.

9. T-16.I.1:5.

10. T-16.I.1:1-2.

11. T-16.I.2:1.

12. T-16.I.2:5.

13. T-16.I.4:6-7.

14. T-10.In.1:2-4.

15. T-5.IV.11:2-3.

16. T-5.III.8:7-8.

17. T-10.III.6:5.

18. *Encuentro con la sombra,* Kairós, Barcelona, 1991 «Introducción»

19. T-6.In. 1:3-7.

20. T-6.I.3:1-2.

21. T-6.I.11:1-6.

22. T-6.I.19:2.

23. T-6.III.3:7.

24. T-10.V.2:2-4.

25. RENARD Gary R., op. cit., p. 437.

26. T-10.V.12:1-2-3.

27. T-10.V.9:9-11.

28. RENARD Gary R., op. cit., p. 85.

29. T-23.IV.1:7-8, 10-11.

30. T-23.I.3:3.

31. T-8.VII.7:4-5.

32. T-23.II.2:5.

33. T-23.III.1:2-9.

34. T-23.III.6:9-12.

35. T-23.II.9:4.

36. T-23.IV.3:3.

37. T-23.IV.6:5-6.

1. «¿Qué te parece esta reflexión de Aristóteles?»,;http://mx.answers.yahoo.com/question/index?qid=20090605162532AABN2Eu, consulta realizada el día 30 de mayo d/ 2011.

2. T-21.II.3:1-2.

3. T-21.II.3.6:4.

4. T-7.VIII.2:6;3:2-6-7-9.

5. T-7.II.3.1.

6. T-7.VIII.1: 6-11.

7. T-19.IV.D.i.18:1-3.

8. T-19.IV. D.i. 20:5-7

9. T-7.V.10:6.

10. T-3.VI.11:8.

LOS ÍDOLOS DE LA ENFERMEDAD   Pág. 101

1. T-10.in. 1:1.
2. T-10.in. 1:2.
3. T-10.in.2:4,6,7.
4. T-13.VII.11:5-6.
5. T-13.VII.12:1-6,7a
6. T-13.VII.13:1-2.
7. T-13.IV.9:1.
8. T-10.III.4:4.
9. T-10.II.5:1-2.
10. T-10.III.6:3,5.
11. T-10.III.7:1-2.
12. T-10.IV.6.:1.
13. T-10.V.1:3.
14. T-10.V.2:1-3.
15. T-10.V.2:4-5.
16. T-4.in.1:1-3.
17. Rom 7:19
18. T-12.II.1:5.
19. T-3.VI.4:4.
20. T-7.VIII.6:1
21. T-5.V.1:4-5.
22. T-2.VI.3:4.
23. L-.71.2:1-5.
24. T-6.V.B.2:1-5.
25. T-8.IV.8:3-4.
26. T-8.IX.1:5-7.
27. T-12.I.6:10.
28. T-12.I.7:1-2.
29. T-12.II.1:2.

CÓMO ENCONTRARSE A UNO MISMO   Pág. 117

1. L-in. 1:3.
2. T-2.VI.2:5.
3. T-2.VI.9:5-8.
4. T-3.VI.2:10-11.
5. T-3.III.2:9.
6. T-7.VII.3:9.
7. T-12.I.5:1.
8. T-12.III.10:1.
9. T-31.VII.9:2-3.
10. T-8.III.4:1-5.
11. T-8.III.5:3-7.
12. T-9.VII.1:1-5.

SOLO TÚ PUEDES PRIVARTE A TI MISMO   Pág. 123

1. T-13.in.2:2-11.
2. T.13.in.3:1-4.
3. T-11.IV.5:3.
4. T-17.VI.6:4-5.

244

5. T-25.VII.11:1-2.

6. T-27.I.3:1.

7. T-9.I.1:4-5.

8. T-9.I.7:1

9. T-9.I.10:1-2.

10. T-24.VII.8:8-10.

11. T-24.IV.3:1-2.

12. T-9.II.7:6-8.

13. T-9.II.11:1-6.

14. T-9.II.12:1-2.

INVERSIÓN CAUSA-EFECTO
PÁG. 131

1. T-5.IV.7:2.

2. T-28.I.2:7-9.

3. T-28.I.5:1-3.

4. T-28.I.5:6.

5. T-28.I.6:6.

6. T-28.I.9.

7. T-28.I.9:4-5.

8. T-28.I.7:3.

9. T-28.II.1:2-6.

10. T-28.II.4:2-3.

11. T-28.II.6:7-8.

12. T-28.II.7:2-5.

13. T-28.II.11:2-4.

14. T-28.II.12:5.

15. T-29.VI.1:1-2.

LAS RELACIONES ESPECIALES
PÁG. 139

1. T-16.I.1:2.

2. T-16.I.2:1

3. T-16.I.2:5a.

4. T-16.IV.4:5-7.

5. T-16.IV.6:5.

6. T-16.V.3:4-6.

7. T-16.V.4:3.

8. T-16.V.9:2.

9. T-16.V.8:3.

10. T-16.V.9:2.

11. T-16.VI.2: 1-3.

12. L-21.2:3-5.

13. T-24.I.3:5.

14. T-24.I.4:4.

15. T-24.II.9:3.

16. T-24.III.4:4.

17. T-29.VII.2. 1-5.

18. T-15.VII.9:1-3.

19. T-15.VII.10:1-3.

20. T-15.X.5:6.

21. T-15.X.5:7-8.

22. T-15.X.5:9.

23. T-15.X.8:1.

24. T-15.XI.4:1-3.

25. T-16.II.9:1-2

26. T-16.VI.12:1.

27. T-15.VI.6:9.

28. T-27.IV.6:9.

29. L-135.11:1-3.

30. L-135.15:1.

31. L-135.16:1-2.

32. L-135.23:2-3.

33. T-17.III.10.

34. T-17.VII.5:1.

EL VERDADERO PODER

1. T-12.VII.9:1-2.

2. T-27.I.4:6.

3. T-29.VII.1:1,6-7,12.

4. T-29.VII.2:1;3:1.

5. T-29.VII.6:1.

6. T-29.VIII.2:4-5.

7. T-16.II.3:3.

8. Bohm, David, y el orden implicado en el simposio Ciencia con Conciencia. 22 de noviembre de 2008.

9. T-2.VIII.2:7.

10. Talbot, Michael, El universo holográfico,. Palmyra, Barcelona, 2007, p. 23.

11. Corbera, Enric, El observador en bioneuroemoción, Sincronía, Madrid, 2013, p. 6.

12. T-27.VII.8:1,3.

13. T-26.V.6:1-2.

14. T-5.II.6:5-7.

15. T-28.I.9:4-6.

16. McTaggart, Lynne, El experimento de la intención, Sirio, Barcelona, 2009, 3.ª ed., p. 16.

17. T-5.VII.6:5.

18. McTaggart, Lynne, op. cit., p. 254.

19. Ibídem, p. 255.

20. Ibídem, p. 255-256.

21. T-15.I.1.

22. T-15.I.8:3:5.9:5.

23. T-15.II.1:7.

24. McTaggart, Lynne, op. cit., p. 256-257.

25. T-15.V.1:1-2,4.

26. T-15.V.9:3.

27. T-5.I.5:4.

28. T-5.III.3:1-5.

29. T-5.III.11:3.

30. T-5.V.5:1-2.

31. T-21.VII.8:4-5.

32. T-21.VII.9:4.

33. T-25.III.9:8-9.

SANAR LA PERCEPCIÓN PÁG. 175

1. T-21.V.1.

2. T-21.V.1:7.

3. T-21.V.1:9-10.

4. T-21.V.8:1.

5. T-28.IV.1:1.

6. T-28.IV.2:1.

7. T-28.V.2:1.

8. T-21.II.2:3-5.

9. T-3.II.6:5.

LA MENTE CUÁNTICA PÁG. 181

1. T-21.VI.3:1.

2. T-21.VIII.1:1.

3. T-21.VI.5:1.

4. T-21.VI.7:1.

5. McTaggart, Lynne, *El experimento de la intención*, Sirio, Barcelona, , 2009 (3.ª ed.), p. 46.

6. Ibídem, g. 48.

7. Ibídem, g. 49.

8. T-25.III.1:3.

9. T-31.III.6:1-2.

10. T-7.V.10:6.

11. T-11.VI.1:1.

12. T-11.V.18:3-4.

13. McTaggart, Lynne, op. cit.

14. T-25.I.3:1,4.

15. «Solución líneas temporales», Wikipedia.

16. T-27.IV.1:1.

17. T.27.IV.2:1.

18. T-27.III.3:1-3:7-8.

19. T-27.III.7:6-7.

20. L-135.11:1-2.

21. L-47.7:4-6.

22. T-18.VII.7:6-9,8:1-5.

23, «La ciencia del corazón. Ciencia y conciencia». Entrevista a Howard Martin realizada por Francesc Príms.

24. T-2.III.5:1-2.

25. T-4.VII.8:8.

EL PERDÓN PÁG. 197

1. T-16.13:12.

2. T-15.X.2:5-6.

3. T-15.X.5:9.

4. T-15.X.8:1.

5. T-15.XI.4:1.

6. T-15.XI.4:3.

7. T-15.VII.6:1.

8. T-27.II.12.

9. T-27.II.14:1-4.

10. T-27.II.16:1.

11. T-9.IV.1:2.

12. T-29.VI.2:14.

13. RENARD, Gary R. , *Tu realidad inmortal*, El Grano de Mostaza, Barcelona, 2009, p. 264.

14. Ibídem, p. 265.

NUESTROS PROGRAMAS INCONSCIENTES   PÁG. 205

1. T-3.IV.2:1-2.

2. ROBERTSON, Robin, *Introducción a la psicología jungiana*, Obelisco, Barcelona, 2011 3.ª ed., p. 31.

3. ROMERO, Federico, «¿Qué es un egregor y cómo se puede identificar?», ‹http://www. monossabios.com/21_feb_08_federico_romero_que_es_un_Egregor_.html›, consulta realizada el 22 de junio del 2013.

4. T-4.in.3:9.

5. T-4.I.7:6.

6. T-5.in.3:6.

7. Palabras de Arten en: RENARD, Gary R. , *Tu realidad inmortal*, El Grano de Mostaza, Barcelona, 2009, p. 53.

LA SALIDA DE EGIPTO   PÁG. 211

1. T-26.II.1-3.

2. T-26.II.1:5-6.

3. T-26.II.2:2-3.

4. T-26.II.3:2-3.

5. T-26.II.4:2-3.

6. T-26.II.7:5.

7. T-26.IV.1:1.

8. T-26.X.3:2-3.

9. T-26.X.4:1.

10. T-26.X.3:4.

11. T-26.III.2:1,3:2.

12. T-26.III.3:6

13. T-26.VII.

.

EL DESPERTAR   PÁG. 221

1. RENARD, Gary R., *Tu realidad inmortal*, El Grano de Mostaza, Barcelona, 2009, p. 118.

2. T-1.V.5. / T-6.I.4:2.

3. Albert Einstein.

4. T-29.IV.4:1.

5. T-29.IV.5:1.

6. Prefacio, g. xiii, 3er §.

7. T-18.II.6:3.

8. T-18.V.4:1.

9. T-29.V.7:1.

10. T-27.VI.1;3.

11. T-28.II.11-2

12. T-29.IX.2:5.

13. L-132-6:2-3.

14. T-18.VI.9:1-2.

15. RENARD, Gary R., op. cit., p. 118.

16. Ibídem, p. 58.

EL NUEVO COMIENZO · PÁG. 227

1. T-30.I.11:4.

2. T-30.I.15:2.

3. T-30.I.16:2.

4. T-30.I.17:1.

5. T-30.II.3:3.

6. T-30.III.7:1-2.

7. T-30.III.10:3.

8. T-28.V.3:1-2.

9. T-30.V.1:6.

10. T-30.VI.2:3,6.

11. T-30.VI.6:1-2.

12. T-12.VII.12:4.

13. T-13.in.1:4.

14. T-12.I.1:4-6.

15. T-27.VIII.10:1.

.

EL ARTE DE DESAPRENDER · PÁG. 233

1. T-31.V.14:1-3.

2. T-31.IV.4:3.

3. T-31.IV.8:3-4.

4. T-31.VI.2:1-2.

5. T-31.VIII.5:1-4.

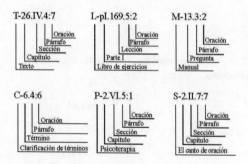

Nota: Esquema de Foundation for A COURSE IN MIRACLES® para leer las referencias del *Curso*

ÍNDICE DE CAPÍTULOS

1. INTRODUCCIÓN 7

2. HAY VERDADES QUE VAN MÁS ALLÁ DE LAS VERDADES ESTABLECIDAS 13

3. HABLEMOS DE LA SOMBRA, ESA GRAN DESCONOCIDA 23

4. MENTE ERRÓNEA-MENTE RECTA 31

5. LA DUALIDAD FRENTE A LA NO DUALIDAD 37

6. EN BUSCA DE LA PERCEPCIÓN INOCENTE 41

7. HABLEMOS DEL ESPÍRITU SANTO 47

8. LA DINÁMICA DEL EGO 51

9. PROYECCIÓN FRENTE A EXTENSIÓN 63

10. LA ENFERMEDAD 71

11. ¿DÓNDE ESTÁ LA ABUNDANCIA? 95

12. LOS ÍDOLOS DE LA ENFERMEDAD 101

13. CÓMO ENCONTRARSE A UNO MISMO 117

14. SOLO TÚ PUEDES PRIVARTE A TI MISMO 123

15. INVERSIÓN CAUSA-EFECTO 131

16. LAS RELACIONES ESPECIALES 139

17. EL VERDADERO PODER 153

18. SANAR LA PERCEPCIÓN 175

19. LA MENTE CUÁNTICA 181

20. EL PERDÓN 197

21. NUESTROS PROGRAMAS INCONSCIENTES 205

22. LA SALIDA DE EGIPTO 211

23. EL DESPERTAR 221

24. EL NUEVO COMIENZO 227

25. EL ARTE DE DESAPRENDER 233

Si te ha gustado este libro, te recomendamos los siguientes títulos:

El poder sanador de la bondad I Kenneth Wapnick, Ph. D.
134 páginas, 9 € ISBN 978-84-940210-2-2

Al repasar los principios de enfermedad y sanación, y algunas aplicaciones erróneas comunes, la discusión de este libro nos ayuda a deshacer, la fuente de la carencia de la bondad, para que en todas nuestras interacciones reflejemos la Fuente de la Bondad. Esperamos que este libro sirva para recordarnos a todos la necesidad de ser bondadosos, el principio espiritual por excelencia.

El poder sanador de la bondad II Kenneth Wapnick, Ph. D.
146 páginas, 9 € ISBN 978-84-940210-1-5

Este libro nos enseña a mirar nuestra imperfecciones bondadosamente para redefinirlas, no como nuestra realidad, sino como meros desvíos del camino a casa. Las sombras de la limitación son los contornos del aula que Jesús utiliza para enseñarnos sus bondadosas lecciones de perdón.

Vivir un Un curso de milagros Jon Mundy, Ph. D.
272 páginas, 15 € ISBN 978-84-938091-5-7

¿Estás tratando de entender más profundamente *Un curso de milagros* y de aplicar sus lecciones a tu vida de cada día?
Jon Mundy te guiará a lo largo del *Curso*, una obra influyente de estudio espiritual que ha vendido más de dos millones de copias y actualmente puede adquirirse en dieciocho idiomas. En este libro Jon arroja luz sobre las enseñanzas centrales del *Curso*, permitiéndonos conectar con su sabiduría y llevarla a nuestras vidas.

Anexo a Un curso de milagros Foundation for Inner Peace
96 páginas, 9 € ISBN 978-84-938091-4-0

El anexo a *Un curso de milagros* fue dictado a la doctora Helen Schucman poco después de haber acabado de redactar el *Curso* utilizando el mismo método. El anexo está compuesto por dos obras: *Psicoterapia (Propósito, proceso y práctica)* y *El canto de la oración (La oración, el perdón, la curación)*.
Hemos usado la traducción de Rosa María Wynn.

El mensaje de Un curso de milagros Kenneth Wapnick Ph. d.
536 páginas, 22 € ISBN 978-84-939311-1-7

Este libro ofrece una sinopsis completa de *Un curso de milagros*. Expone las interpretaciones erróneas de las enseñanzas del *Curso* que son comunes entre los estudiantes, y proporciona orientación para evitar esos errores. La primera parte, «Todos son llamados», presenta los principios básicos del Curso, y la segunda parte, «Pocos eligen escuchar», enfoca las creencias erróneas que los estudiantes tienen, tanto al creer que el *Curso* enseña lo que no enseña, como cuando niegan su auténtico mensaje.

El universo es un sueño ALEXANDER MARCHAND
194 páginas, 14 € ISBN 978-84-939311-4-8

¿Te has preguntado alguna vez cuál es la causa del universo? Si efectivamente es así, —cuando hacías esta consideración— ¿has especulado con la posibilidad de que el universo no sea más que un sueño? Es decir: ¿te has planteado de verdad que el origen del universo es que tú lo soñaste? A primera vista, esta idea parece inverosímil. Sin embargo, si te la tomas en serio y la sigues hasta su última conclusión lógica, ¿qué descubrirás? Pues bien, este libro responde a esta pregunta. Utilizando la forma de una novela gráfica, el artista y escritor Alexander Marchand, te lleva de paseo de una manera creativa, divertida, irreverente e informativa por la metafísica avanzada, no dualista, del documento espiritual contemporáneo conocido como *Un curso de milagros*. Al final de este cómic, no solo tendrás una imagen coherente de la verdadera naturaleza del universo y de la existencia, sino que también alcanzarás un valioso conocimiento práctico de lo que tienes que hacer para despertar.

Libro, de ciento noventa y cuatro páginas, escrito en forma de cómic, donde se presentan los principios de *Un curso de milagros* valiéndose de imágenes. Es una obra ingeniosa, fácil de leer y amena, con diversas referencias a personajes históricos, en el que el autor ha logrado con mucho talento plasmar de manera sencilla y clara las ideas del *Curso*. Podría parecer más superficial por tener forma de cómic, pero sorprende la profundidad y extensión de sus enseñanzas.

La desaparición del universo GARY R. RENARD
432 páginas, 19 € ISBN 978-84-937274-9-9

Una nueva edición de este clásico imprescindible para todos aquellos que quieran entender el viaje de retorno a la Fuente. Gracias a esta obra, Gary Renard se convirtió en un escritor mundialmente conocido. Este es uno de los mejores títulos de la literatura espiritual de nuestros días.

Tu realidad inmortal GARY RENARD
297 páginas, 18 € ISBN 978-84-937274-0-6

Muchos seres humanos han comenzado a descifrar un código interno de liberación en la obra *La desaparición del universo*, de Gary Renard. Hemos tenido que esperar mucho para leer la segunda parte en *Tu realidad inmortal*. Gary, bajo la tutela y enseñanzas de los Maestros Ascendidos Arten y Pursah, nos facilita el camino. Su sentido del humor, combinado con una profunda sabiduría, nos recuerda que el trabajo de liberación interna puede y debe ser un recordar feliz.

Viaje sin distancia ROBERT SKUTCH
144 páginas, 12 € ISBN 978-84-938091-7-1

Esta esperada obra relata cómo vio la luz *Un curso de milagros*, ese valioso material de autoestudio considerado la «Biblia del tercer milenio» con más de tres millones de ejemplares vendidos.

En *Viaje sin distancia*, Robert Skutch, cofundador y director de la Foundation for Inner Peace, la fundación que publica el *Curso*, nos lleva a realizar un viaje fascinante en el que nos desvela el escenario donde se produjeron los acontecimientos. Aquí se narran los retos que tuvieron que afrontar sus principales protagonistas: Helen Schucman, una respetada psicóloga clínica que se declaraba atea y que durante siete años escuchó la Voz que le iba dictando los contenidos. Y William N. Thetford, director del departamento de Psicología donde ambos trabajaban y su principal colaborador y apoyo en tan inusitado caso de revelación.

Nunca te olvides de reír CAROL M HOWE
350 páginas, 19 € ISBN 978-84-939311-0-0

Tenemos a nuestra disposición, por primera vez, un íntimo retrato de la vida y del camino espiritual de William Thetford, inteligentísimo y experto psicólogo y coescriba de *Un curso de milagros*. Después de ser una de las autoridades más destacadas en el estudio y desarrollo del ego, Bill preparó a través del *Curso* un camino para liberarse de su propio ego y ofrecer a todos la misma oportunidad. El júbilo que experimentó en la etapa final de su vida fue la prueba de la transformación vivida. Esta es una guía intemporal para todo aquel que desee sustituir el dolor y los resentimientos por la gracia y la paz mental que se obtienen cuando aplicamos los principios del *Curso* en la vida cotidiana.

Introducción básica a Un curso de milagros
Kenneth Wapnick Ph. D.
160 páginas, 12 € ISBN 978-84-937274-2-0

Es un texto imprescindible para todo aquel que quiera aproximarse con rigor al *Curso*, que enseña a trascender la dualidad mediante el perdón y el amor. El *Curso* ha sido denominado «el paradigma cuántico espiritual de los próximos siglos» y está revolucionando el horizonte del ser humano. Sin duda, esta breve introducción responde a muchas de las preguntas que todo lector se formula y la consideramos de inestimable valor para entender nuestra esencia.

Despierta del sueño Gloria y Ken Wapnick
104 páginas, 10 € ISBN 978-84-937274-1-3

Casi todas las religiones del mundo contienen una historia o un mito que procura describir el origen del universo y nuestro propósito en él. A través de los siglos, el mito ha sido un recurso instructivo para expresar experiencias que, a menudo, parecen estar más allá de la descripción objetiva. *Un curso de milagros* también tiene una estructura mítica que se propone hacer comprensible aquello que jamás puede entenderse completamente.

Las preguntas más comunes en torno a
Un curso de milagros Gloria y Ken Wapnick
160 páginas, 12 € ISBN 978-84-938091-1-9

Durante los numerosos años que hemos dedicado a la enseñanza de *Un curso de milagros*, hemos comprobado que su mensaje radical puede ser malinterpretado y distorsionado. En esta obra, nuestro objetivo es clarificar los principios del *Curso*.
Hemos usado el formato pregunta-respuesta para facilitar una mayor comprensión y aplicación de su sistema de pensamiento.
Gloria y Ken Wapnick